LIDERANÇA PESSOAL

autoconhecimento
e autogoverno

CESAR F. DE CARVALHO BULLARA

LIDERANÇA PESSOAL

autoconhecimento
e autogoverno

50 DICAS PARA LIDERAR COM SABEDORIA

Publisher
Henrique José Branco Brazão Farinha
Editora
Cláudia Elissa Rondelli Ramos
Preparação de texto
Cláudia Elissa Rondelli Ramos
Revisão
Ariadne Martins
Vitória Doretto
Capa e Projeto gráfico
Lilian Queiroz | 2 estúdio gráfico
Diagramação e arte final
2 estúdio gráfico
Impressão
Gráfica Elyon

Copyright © 2021 *by* Cesar F. de Carvalho Bullara
Todos os direitos reservados à Editora Évora.
Rua Sergipe, 401 – Cj. 1.310 – Consolação
São Paulo – SP – CEP 01243-906
Telefone: (11) 3562-7814 / 3562-7815
Site: http://www.evora.com.br
E-mail: contato@editoraevora.com.br

Dados Internacionais de Catalogação na Publicação (CIP) de acordo com ISBD

B935l	Bullara, Cesar F. de Carvalho
	Liderança pessoal: autoconhecimento e autogoverno: 50 dias para liderar com sabedoria / Cesar F. de Carvalho Bullara. - São Paulo : Évora, 2021.
	128 p.. : 14cm x 21cm.
	Inclui bibliografia.
	ISBN: 978-65-88199-13-8
	1. Administração. 2. Coaching. 3. Liderança. 4. Lifestyle. I. Título.
	CDD 658.3124
2021-2324	CDU 658.310.845

Elaborado por Vagner Rodolfo da Silva - CRB-8 / 9410
Índice para catálogo sistemático:

1. Administração : Coaching 658.3124
2. Administração : Coaching 658.310.845

DA FORMAÇÃO À AUTOEDUCAÇÃO

J. R. Pin Arboledas
Professor do IESE e reitor da Universidad del Atlántico Medio (Ilhas Canárias).

Se a um especialista em gestão de empresas adicionamos um mestrado e um doutorado em filosofia, à extensão do conhecimento adicionamos a profundidade de pensamento. O Doutor Bullara cumpre ambas as condições. Sua Graduação em Administração de Empresas pela FEA – USP e seus muitos anos de trabalho como professor de Gestão de Pessoas no IESE, no ISE e em outras escolas, completam-se com seu Mestrado e Doutorado em Filosofia pela Università della Santa Croce em Roma.

O livro apresentado é a hibridização dessas duas facetas do autor. Não é estranho que a palavra "sabedoria" (liderar com sabedoria) apareça no subtítulo. No dicionário da RAE (Real Academia da Língua Espanhola, minha língua materna), este conceito é definido de duas maneiras. A primeira como "um conjunto de conhecimentos amplos e profundos que se adquire através do estudo e da experiência"; a segunda como "a capacidade das pessoas de agirem com sensatez, prudência e acerto". Os traços dessas duas definições podem ser encontrados no livro comentado.

Exercer uma função de liderança no mundo corporativo é um trabalho de "sabedoria prática". Como professor, gestor e empresário, logo aprendi que o aprendizado nessa disciplina consiste em um processo que em sala de aula defino como "experiência refletida através da ação". O executivo, o empresário, aprende com a prática. Com base no conhecimento prévio, executa ações, decide, ordena, age, controla, planeja... e é com essas ações que ele definitivamente aprende. Aristóteles diz em Ética a Nicômaco que o processo de aprendizagem é primeiro agir, depois meditar e, finalmente, aprender.

Portanto, a experiência, como diz um ditado espanhol, "é a mãe da ciência». Mas essa experiência sem reflexão não gera aprendizagem. Somente através da reflexão é que se chega a uma nova ação que completa o processo de aprendizagem, de autoeducação.

No livro do professor Bullara, a função das DICAS é orientar o leitor em seu aprendizado de dirigir, de liderar. Seu pressuposto básico é: para liderar os outros, é preciso saber liderar a si mesmo. Para liderar outras pessoas, você deve começar pela sua própria Liderança Pessoal (o título do livro). Há, portanto, duas ideias básicas sobre o que é necessário para realizar esse processo: autoconhecimento e autogoverno.

É verdade que, como dizia o filósofo espanhol Ortega y Gasset, a pessoa é «ela e suas circunstâncias». Por isso, as primeiras 5 DICAS referem-se ao que nos rodeia, às circunstâncias que podem dificultar o trabalho de autoconhecimento e autogoverno. Ambos não serão possíveis se não se tiver consciência de que estamos imersos em uma sociedade "conectada e deseducada", onde convergem um "relativismo de ideologia pós-moderna", o "pensamento débil", a "modernidade líquida de Zygmunt Bauman" e o egocentrismo. É um aviso aos navegantes para serem "autênticos", evitando se deixar arrastar por correntezas que podem levar o próprio barco a um lugar que ele não deveria aportar. Nas palavras de Churchill: "É grave não chegar aonde nos propusemos; no entanto, é ainda mais sério se chegarmos a este lugar e percebermos que nos equivocamos".

As 15 DICAS de autoconhecimento são baseadas na autorreflexão. Para Sócrates, o princípio do "Oráculo de Delfos" na Grécia Clássica era "conhece-te a ti mesmo". Não é possível fazer nada sério sem isso, e conhecer a si mesmo requer reflexão. Neste livro, o professor Bullara dá conselhos para fazê-lo. Por exemplo, aconselha a desacelerar, a acalmar-se ao estudar a si mesmo. Descobrir que temos virtudes, mas também vícios. Descubra-os analisando suas ações e refletindo sobre elas. Mas não se esqueça de que você deve aproveitar tudo o que outros têm contribuído para a humanidade. Assim, a DICA 13 incentiva a cultura. É um absurdo, é um traço de orgulho acreditar que se pode descobrir por si mesmo o que milhões de pensadores aportaram para o patrimônio comum da humanidade.

Se a filosofia levou o autor a um conhecimento profundo da pessoa, seu papel como professor de uma escola de negócios o induz a usar todo esse conhecimento em algo útil, no autogoverno. Sem a aplicação do que foi aprendido, tudo dá em nada. Ortega y Gasset costumava dizer que "o trabalho inútil leva à melancolia". A melancolia é, segundo a RAE, uma "tristeza vaga, profunda, calma e permanente, nascida de causas físicas ou morais, que faz com que quem a sofre não encontre prazer ou diversão em nada; monomania dominada por tristes afeições morais".

Se o leitor não quiser entrar em melancolia, deve passar das 15 DICAS do autoconhecimento às 20 DICAS do autogoverno. Comece esse caminho de passagem do autoconhecimento para a ação efetiva de autogoverno com a busca de um ideal. Algo para ocupar a vida. Um objetivo vital. Ter algo a alcançar e lutar por isso é extremamente estimulante!

Estas DICAS terminam com um conselho importante: liderar servindo aos outros. E aqui o autor distingue "servir de dominar", algo essencial na liderança. Liderar é servir. Luis Manuel Calleja, professor do IESE e do IEEM, falecido há um ano e grande amigo do autor e também meu, dizia duas frases que convém recordar neste prólogo: "servir, servir"; "quem não vive para servir, não serve para viver".

A autoliderança não é egocêntrica, é expansiva e deve servir aos outros. Para isso, deve ser gerado um impacto positivo, que o livro inclui nas últimas dez DICAS. As "boas intenções" são inúteis se não forem postas em prática. O líder deve refletir sobre como influenciar os outros de forma positiva. Nesse mundo complexo (*Hyper World*, como o autor define), em contínua transformação, algo tem que ser imutável, evitando a hiperestimulação. Daí a importância de alcançar o "silêncio interior". Para quê? Identificar as 10 virtudes que Bullara nos propõe na última parte do livro como essenciais para liderar e colocá-las em prática.

Não devo alongar mais este prólogo. Não porque não valha a pena comentar outros aspectos desta obra. Para isso, outro livro seria necessário, dada a riqueza dos pensamentos nela expressos. Devo terminar. Depois deste prólogo, espero que os leitores estejam ansiosos para lê-la e não quero mais atrapalhar sua leitura.

Caro leitor, aconselho-o que esta seja para você uma obra de "cabeceira". Um daqueles livros que você sempre tem na mão, para ler e reler de vez em quando. Faça-o com vagar, refletindo, agindo e refletindo novamente. Se você fizer isto, aumentará muito sua eficácia como executivo, como líder e, o mais importante, será uma pessoa mais autoconsciente, mais feliz e mais completa.

Madrid, abril de 2021

SUMÁRIO

INTRODUÇÃO 15

5 DICAS PARA ENTENDER O MUNDO DE HOJE 19

Dica 1   Vivemos na sociedade 4.0: conectada e deseducada 21
Dica 2   O relativismo e a ideologia caracterizam a pós-modernidade ... 22
Dica 3   O *pensiero debole* molda a sociedade atual 23
Dica 4   A modernidade é líquida 25
Dica 5   Vivemos numa época egocêntrica 26

15 DICAS PARA O AUTOCONHECIMENTO 29

Dica 1   Transcenda-se 33
Dica 2   Descubra sua missão pessoal 34
Dica 3   Descubra-se como pessoa 35
Pausa para reflexão (dicas 1, 2 e 3) 36

Dica 4   Cultive o espírito 37
Dica 5   Busque a felicidade no que é essencial 38
Dica 6   Pratique *mindfulness* 39
Pausa para reflexão (dicas 4, 5 e 6) 42

Dica 7   Seja coerente 44
Dica 8   Seja ético 45
Dica 9   Harmonize ego e personalidade 47
Dica 10 Examine seus amores 48
Dica 11 Fuja do comportamento egoísta 49
Dica 12 Conheça suas virtudes e seus vícios 50
Pausa para reflexão (dicas 7 a 12) 51

Dica 13 Seja culto 53
Dica 14 Aprenda a comprometer-se 54

Dica 15 Liberte sua liberdade 55
Pausa para reflexão (dicas 13, 14 e 15) 56

20 DICAS PARA O AUTOGOVERNO 59

Dica 1 Abrace um ideal 63
Dica 2 Tenha convicções 64
Dica 3 Tenha caráter 65
Pausa para reflexão (dicas 1, 2 e 3) 66

Dica 4 Desacelere 67
Dica 5 Controle seu mundo interior 68
Dica 6 Aprenda a ponderar 69
Pausa para reflexão (dicas 4, 5 e 6) 70

Dica 7 Conheça suas debilidades 72
Dica 8 Conheça seus defeitos de caráter 74
Dica 9 Controle a imaginação e a memória 75
Dica 10 Pratique o autodomínio 76
Dica 11 Fortaleça sua vontade 77
Dica 12 *Coach yourself* 78
Dica 13 Desapegue-se da sua imagem 79
Dica 14 Eduque sua afetividade 80
Pausa para reflexão (dicas 7 a 14) 82

Dica 15 Habitue-se ao silêncio 84
Dica 16 Amplie seu nível de consciência 85
Dica 17 Forje sua personalidade 86
Dica 18 Procure um bom mentor 87
Dica 19 Desenvolva *moral skills* 88
Dica 20 Lidere servindo 90
Pausa para reflexão (dicas 15 a 20) 91

10 DICAS PARA GERAR IMPACTO POSITIVO 93

Dica 1 Seja autêntico no pensar e no agir 97
Dica 2 Potencialize sua capacidade de escuta 99
Dica 3 Pratique a arte do convencimento 100
Dica 4 Seja um líder *outstanding* 101
Dica 5 Identifique os comportamentos do mundo corporativo .. 102
Pausa para reflexão (dicas 1 a 5) 103

Dica 6 Não ceda aos fetiches do mundo corporativo 105
Dica 7 Navegue entre os diversos estilos de direção 106
Dica 8 Desenvolva um *mindset* autotransformante 107
Dica 9 Entenda que o ser humano nunca será *agile* 108
Dica 10 Aprenda a viver num *hyper world* 109
Pausa para reflexão (dicas 6 a 10) 110

AS 10 VIRTUDES ESSENCIAIS PARA LIDERAR 113

Virtudes estruturantes
(prudência, humildade, coragem, paciência e constância) 116
Virtudes configurantes
(justiça, generosidade, moderação, empatia e veracidade) 119

BIBLIOGRAFIA 123

INTRODUÇÃO

Este livro é resultado de um conjunto de ensaios sobre a condição humana. Não pretendo esgotar os temas aqui abordados. Meu intuito é despertar a autocrítica por meio da análise e da reflexão pessoal sobre alguns tópicos próprios ao ser humano e suas circunstâncias.

Como condição de contorno para estabelecer um diálogo aberto, torna-se necessário contemplar o panorama sociocultural no qual nos desenvolvemos.

Em primeiro lugar, torna-se vital entender as coordenadas que regem o mundo e o contexto no qual estamos inseridos: a chamada pós-modernidade.

Trata-se de um conceito criado para expressar as mudanças profundas operadas pela rápida transformação da sociedade. Dentre outros aspectos, podemos destacar o avanço do relativismo e a utilização da ideologia como sistema de pensamento.

Vivemos num mundo em transição. Constatamos o estabelecimento de novos padrões de comportamento e a alteração de normas sociais que têm como consequência a dissolução de alguns traços da cultura ocidental.

No dizer de Zygmunt Bauman, vivemos uma modernidade líquida. Como lidar com ela? Como posicionar-nos? Será que não devemos proteger e mesmo resgatar conceitos que estão sendo esquecidos?

Toda mudança traz consigo, necessariamente, uma evolução? O que estamos enfrentando, para onde nos leva? Chegaremos a um porto seguro?

Entender quais são as chaves de interpretação da realidade é o primeiro passo para uma avaliação objetiva.

Ao mesmo tempo, sabemos que o ser humano é, de certo modo, a medida de todas as coisas.

Portanto, ganha significado o entendimento de si mesmo como ponto essencial para compreender o mundo. Conhecer nossa arquitetura interior, olhar para dentro de nós mesmos, também possibilita um saber indispensável para equacionar nossos dilemas diários.

Falar da condição humana é entender alguns dos condicionantes culturais e sociais em que estamos inseridos. Ao mesmo tempo, significa refletir sobre nossa realidade mais fundamental, aquilo que nos caracteriza como pessoa.

Nota-se a necessidade de um retorno ao essencial nas relações humanas com a procura de métodos de autoconhecimento e a busca pela ética na condução da sociedade.

Por meio deste conteúdo, proponho iniciar uma viagem ao interior de nós mesmos na busca de um maior entendimento do que significa ser HUMANO.

5 DICAS PARA ENTENDER O MUNDO DE HOJE

DICA 1
VIVEMOS NA SOCIEDADE 4.0:
CONECTADA E DESEDUCADA

A conectividade, fundamental num mundo ágil, torna-se, para muitos, o ópio dos tempos modernos, a panaceia que resolverá todos os problemas.

A que ou a quem estamos conectados? Para que ou por quê? Sabemos que a conectividade não substitui a necessidade de adquirir conhecimentos pelo estudo e aprofundamento. Continua sendo tarefa intransferível formar as próprias opiniões através da reflexão e construir relações saudáveis por meio da proximidade e do contato pessoal.

Vivemos numa época em que estar conectado passou a ser, para muitos, prioridade vital. Tal comportamento dá origem à dependência digital, vício que cresce rapidamente, acometendo não só os mais jovens.

Esse hábito estimula um comportamento compulsivo, fazendo com que passemos tempo demasiado conectados ao ciberespaço, desligados da realidade. Preocupados pela presença no mundo virtual, desinteressamo-nos pelo mundo real.

Tornamo-nos, assim, alienados por escolha própria. Deseducados para a verdadeira sensibilidade e transcendência, pobres de vocabulário e conteúdo, desacostumados a ser empáticos e a expressar ideias e pensamentos, incapazes de identificar emoções, pouco afeitos a raciocinar. Desentendidos de quem está ao nosso lado. Carentes da própria natureza!

DICA 2
O RELATIVISMO E A IDEOLOGIA
CARACTERIZAM A PÓS-MODERNIDADE

Destaco duas formas de maltratar a verdade: o relativismo e a ideologia.

O relativismo é a convicção de que a realidade não pode ser compreendida, resultando na abstenção de toda afirmação definitiva, impotente para afirmar a verdade. Tudo é relativo! Depende do ponto de vista, das circunstâncias, da pessoa... Nega-se o óbvio numa espécie de esquizofrenia. Na prática, não é assim que o ser humano funciona. Todos queremos viver de certezas. O relativista tropeça em dúvidas, numa série infindável de perguntas em aberto. Não se constrói nada de valor tendo como alicerce o relativismo.

A ideologia cria uma chave de interpretação da realidade atribuindo-lhe um caráter absoluto, excluindo quem pensa diferente. Fechada em si mesma, incita o pensamento único. O bem só é bem se procede das suas mãos, só é bem porque é por elas realizado. Suprime a consciência individual diluindo-a no coletivo. É a dogmatização de um *modus operandi* ao qual tudo deve ser submetido. Sua lógica é o domínio, a imposição e a intolerância. Como método, a manipulação. Historicamente, as ideologias sempre levaram ao totalitarismo. Pelo seu triunfo, vale tudo! Vivemos a era da "pós-verdade". Cria-se uma interpretação dos fatos que é assumida como premissa e repetida até se tornar pensamento comum.

DICA 3
O *"PENSIERO DEBOLE"* MOLDA A SOCIEDADE ATUAL

Vivemos num mundo onde as questões fundamentais da existência humana deixaram de ser tratadas do ponto de vista metafísico, que considera a dimensão do SER das coisas e sua realidade mais íntima. Tal demolição do conceito de SER como base fundante da realidade dá plenos poderes ao relativismo.

Abre-se caminho para que a política substitua definitivamente a ética no intrincado jogo de forças e opiniões equivalentes. Perde-se a capacidade de avaliar e ponderar.

A força dos *lobbies* é o grande impulsionador de todo sistema social. Já não se discute o que é certo ou errado, ou qual é o projeto a ser realizado. Importa defender interesses cuja legitimidade se justifica pelo querer de um grupo de pessoas.

Se antes o SER das coisas fundava o DEVER SER e as ideias, agora é o QUERER que fundamenta as ideias, o SER das coisas e o DEVER SER. Isso tudo, claro, encoberto pela capa do direito e do justo.

A característica mais marcante do *"pensiero debole"* descrito pelo filósofo italiano Vattimo é a sua fundamentação no QUERER e não no SER; trata-se da afirmação da VONTADE sobre a RACIONALIDADE.

Estamos abdicando do direito e da capacidade de pensar, abrimos um precedente perigoso a um patrulhamento ideológico no qual o certo é o definido por quem exerce maior pressão.

Num mundo globalizado, a multiculturalidade é a nova ordem. Sua premissa básica implícita é que é preciso contentar a todas as tendências. Será essa uma boa escolha?

Sendo assim, utilizam-se todos os mecanismos legais para que os direitos de cada cidadão sejam garantidos pelo Estado democrático. Nada mais natural.

Só resta uma pergunta: como definir o que é o direito de cada um? Corremos o risco de voltar aos tempos dos sofistas, em que a diversidade dos costumes fazia crer que tudo era opinável e, portanto, igualmente válido. Usando a retórica, demonstravam qualquer coisa. Foram Sócrates, Platão e Aristóteles que introduziram a racionalidade onde só havia a arte do discurso e palavras vazias.

O *"pensiero debole"* encontra forte ressonância numa filosofia que abdicou do seu método. Se antes buscava conhecer a realidade, em alguns momentos parece atuar como serva de manobras político-ideológicas.

A época das ideologias e dos experimentos sociais não acabou com o século XX, ela continua. Agora seus integrantes assumem ares de cientificismo e humanitarismo, buscando a todo custo não ser identificados como tal. Os novos paladinos da Justiça são os que, atentos aos fatos sociais e ao "querer" das massas, contribuem para atalhar os grandes males da humanidade.

DICA 4
A MODERNIDADE
É LÍQUIDA

Em nossa sociedade nada parece ser feito para durar! Não me refiro ao consumismo que orienta o modo de vida de muitas pessoas. Trata--se de algo mais profundo: a fluidez de valores e relacionamentos que fazem com que a própria sociedade seja, no dizer de Zygmunt Bauman, líquida. Imersos na própria fluidez, muitos vivem sob a ditadura dos próprios instintos.

Sobre uma base líquida é impossível construir algo sólido, por exemplo, um projeto de vida com os compromissos que essa tarefa requer. Tal modo de viver e pensar de muitos desconsidera que o ser humano necessita de estabilidade, de algo permanente. É possível se iludir com as inúmeras distrações que a vida proporciona, mas ninguém pode viver sempre num parque de diversões, onde tudo são gostos e atrações para os sentidos.

Na verdade, as bandeiras defendidas por uma modernidade líquida escondem suas próprias fragilidades, sendo a primeira a falta de um verdadeiro ideal de vida. Inconscientemente, procura-se algo pelo qual valha a pena brandir slogans e empenhar os dias.

Pergunto-me por que hoje se fala tanto de propósito!

Para fugir de uma existência anódina, conter o pessimismo de uma vida sem ideais e amenizar a náusea de uma sensação de vazio, a salvação está em se apegar a um mínimo de significado.

DICA 5
VIVEMOS NUMA
ÉPOCA EGOCÊNTRICA

Vivemos numa época caracterizada por traços de egolatria, do culto à própria personalidade. Reduz-se o amor a um sentimento, algo efêmero e descartável, coisificando qualquer relacionamento humano. Nega-se a verdade e institui-se o conceito de versão, tentando manipular com a linguagem algo que é de senso comum. Tenta-se esvaziar a noção de valor adotando o termo "crença", como se fosse algo simplesmente subjetivo.

Já não nos importamos tanto em cultivar amizades, e sim em ter conexões.

É necessário voltar ao básico da civilização. Conhecer os próprios sentimentos por meio da razão e educá-los através da vontade direcionada pelos conceitos de virtude ou vício. Sem isso, qualquer tipo de conduta é legitimado pela vontade individual.

A liberdade parece estar sendo exaltada ao seu máximo, absolutizada. De certo modo, assistimos ao renascer do mito do super-homem, vivido modernamente pelo slogan: minha vontade é soberana, nada pode me coibir ou censurar, sou livre de todo convencionalismo.

A pessoa que só obedece a si própria manifesta uma inteligência pouco lapidada pelo estudo e pela reflexão.

Por outro lado, o ser humano, por natureza, é sonhador. Sempre criará suas utopias para fugir da realidade. Trata-se de um desejo incontido de felicidade e realização, de sonhar com um mundo melhor, sem problemas ou dificuldades.

Tais utopias são fruto de um inconformismo ante o imperfeito, deficiente, injusto e inadequado.

O espírito humano, sedento de sentido, lança-se em busca daquilo que pensa poder completá-lo. Tal procura manifesta a fome de transcendência, insaciável e constante, que temos no coração. Sempre seremos o que somos: deficientes por constituição, incompletos por definição, finitos por natureza. Ao mesmo tempo, levamos dentro ânsias de perfeição, completude, infinitude. Nosso egocentrismo busca transformar fragmentos de felicidade em algo eterno. Sonhamos o sonho dos insensatos. Cedo ou tarde, a realidade se impõe. Esquecemos que viver é enfrentar-se com luzes e sombras, que a vida é como é, ora nos apresenta seu lado triste, ora nos mostra seu rosto alegre. Por vezes nos afaga, e por vezes, nos maltrata. Cabe a nós levá-la com coragem e otimismo, sentido de realidade e missão.

15 DICAS PARA O AUTOCONHECIMENTO

Por meio do autoconhecimento iniciamos a conquista da nossa liberdade. Ter consciência de quem somos, o que compõe nosso mundo interior e qual é a nossa estrutura interna dá-nos condições para poder edificar a vida sobre uma base sólida e segura.

Neste capítulo, procurei descrever brevemente aspectos antropológicos que se fazem presentes em cada momento e em cada tomada de decisão.

O objetivo principal é despertar a curiosidade do leitor para um aprofundamento com apoio de uma bibliografia adequada.

Como ponto de partida, abordarei a pessoa e sua capacidade de transcender, libertando-se dos aspectos mais imediatos da realidade. Falarei sobre as características da felicidade humana e nossa capacidade de amar.

Tecerei considerações em torno da sabedoria, início do caminho que leva à felicidade. Mergulharemos no conhecimento próprio, condição necessária para pensar com profundidade.

DICA 1
TRANSCENDA-SE

Há quem pense que a inteligência se nutre com qualquer tipo de conhecimento, ou que o principal ato da vontade seja escolher, dentre várias alternativas, aquela que mais goste.

Para que se tenha o adequado ponto de vista sobre nós mesmos e a realidade, é preciso transcender. É preciso iniciar uma viagem rumo ao nosso interior, tendo como companheiros de expedição a necessária capacidade reflexiva e o imprescindível silêncio interior, que conduzem à verdadeira sabedoria.

Existe uma antropologia por detrás dos nossos atos, emoções e afetos. Nem tudo que sentimos é bom e conveniente. Nem tudo que pensamos é verdadeiro e certo.

Vivemos numa época que cultiva o livre pensamento, mas que não ensina a pensar. Vive-se de sensações e impressões mais do que de reflexões e ideias.

Adotam-se premissas de atuação como slogans, assumindo seu conteúdo como se fossem verdades absolutas.

Transcender é abrir-se à realidade, é buscar a verdade. É não se deixar ofuscar pelas realidades materiais, não perder-se nas necessidades mais imediatas.

Transcender é encontrar o sentido mais profundo que se esconde por trás das coisas mais banais. É descobrir o que faz a diferença entre uma vida plena de sentido e uma vida vazia de significado.

Transcender é um ato de coragem! Transcender é ser capaz de responder a duas perguntas fundamentais:
- Por que estou aqui?
- Qual é o sentido da minha vida?

DICA 2
DESCUBRA SUA
MISSÃO PESSOAL

Como tornar nossa vida extraordinária?

Em primeiro lugar, combatendo o erro de pensar que somos extraordinários e lapidando uma correta dimensão das nossas qualidades. Isso se chama humildade, virtude em falta no mercado. Conhecer-se a fundo é cada vez mais raro. Alguns se preocupam em parecer, viver para o exterior, esquecendo o interior. A falta de conhecimento próprio causa ansiedade, estresse e depressão, justamente porque:

- Não se dimensionam corretamente os desafios;
- Não se calibram de forma adequada os erros e acertos;
- Não se possui uma visão equilibrada, ponderada e reflexiva sobre si mesmo;
- Não se faz uma leitura madura da realidade.

Como consequência:

- Erramos na tomada de decisão;
- Erramos no encaminhamento de problemas e soluções;
- Erramos na definição de um projeto de carreira;
- Erramos no equacionamento da própria vida.

Vivemos numa cultura que vende a ideia de que o ordinário não é suficiente para ser feliz e perdemos de vista que o ordinário pode ser extraordinário.

Esquecemos que crescemos como pessoa no dia a dia, não há fórmulas mágicas. Se sabemos dar valor àquilo que realmente importa, não sonhamos com o extraordinário, mas sim com o momento presente, vivido de modo extraordinário.

Trata-se de descobrir nossa missão pessoal.

DICA 3
DESCUBRA-SE
COMO PESSOA

Em alguns aspectos, podemos observar na sociedade uma desfiguração do conceito de pessoa e de ser humano. "Ens, bonum et verum convertuntur". Através deste ditado latino extraímos a seguinte máxima: o ser ou realidade de todas as coisas existentes expressa uma relação necessária com o bem e a verdade que nelas está contido.

Cada pessoa possui um ser e uma realidade cujo bem e verdade se expressam plenamente através da sua perfeição. Para alcançá-la é necessário captar a importância de guiar-se por aquilo que nos eleva e nos engrandece.

Atualmente pouco se fala sobre o que significa ser humano. Com isso, vamos perdendo de vista o horizonte maior da nossa existência, tornamo-nos incapazes de contemplar a beleza das qualidades morais.

A antropologia cultural passou a ser a referência maior em discussões sobre o humano e a cultura. Preocupamo-nos por catalogar comportamentos e a sociologia e a psicologia parecem ter ocupado o posto de saber científico totalizante sobre o ser humano.

Como resultado, temos conclusões e interpretações a respeito de como o mundo deveria ser. Não se resolvem as questões fundamentais da vida humana.

Reafirmemos nossa identidade humana; voltemos a discutir as raízes que nos definem como pessoa. Seria uma pena que nos contentássemos com as afirmações oferecidas pelo relativismo em voga.

Qual é o bem e a verdade que correspondem ao ser humano?

PAUSA PARA REFLEXÃO
(DICAS 1, 2 E 3)

José Ortega y Gasset, em seu livro *A rebelião das massas*, descreve a diferença que existe entre a pessoa que busca ser melhor do que é e aquela que se contenta em ser como é. Enquanto a primeira exige muito de si, a segunda vive satisfeita consigo mesma.

De fato, quem se considera intelectualmente completo não sente necessidade de pensar, refletir, ler, estudar, trocar ideias. Tal postura faz com que a pessoa se instale no seu repertório de "saberes".

Em nossa sociedade, temos muitos exemplos desse fenômeno. São os chamados novos bárbaros, descritos por Gasset, aqueles que ignoram suas necessidades mais fundamentais.

De um modo brilhante, o filósofo continua sua descrição do que define como sendo o homem-massa. Afirma que sua característica principal é a de se sentir perfeito. Nem lhe passa pela cabeça duvidar da sua própria plenitude. Taxativo nas suas ideias, não está disposto a buscar a verdade.

Este livro se dirige a pessoas que não se contentam em ser como são, querem ser melhores. Nestas páginas, buscaremos refletir sobre pontos que nos ajudarão a viver uma vida melhor, mais plena.

Trata-se uma tarefa que exige esforço e empenho pessoal, mas que nos levará à plenitude das nossas capacidades, que tem relação direta com o ideal humano de excelência.

Viver uma vida que valha a pena ser vivida. Ter um sentido maior do que nós mesmos. Ter um amor que valha a pena.

DICA 4
CULTIVE
O ESPÍRITO

Um dos males mais comuns da nossa época é o vazio interior: uma sensação de desconforto e descontentamento, um misto de ansiedade e desalento.

Quando falta algo que dê sentido à vida, tentamos preenchê-la em busca de sensações e passatempos. Experimentamos calar a alma oferecendo-lhe alguma "diversão" que a distraia. Este normalmente é o caminho das neuroses, tão presentes na sociedade atual. A ânsia de felicidade demanda a cada pessoa uma resposta a ser encontrada, daí a grande variedade de opções buscadas.

Satisfações são recompensas imediatas, fruto da sensação de completude perante um desejo ou uma vontade saciada. Qual é a noção de felicidade no mundo contemporâneo, com valores fluídos, em contínua mutação, e onde faltam convicções?

A busca de satisfações é um sucedâneo eficaz no curto prazo, mas nauseante com o passar do tempo. Dá-se vazão aos sentimentos e às emoções, esquecendo-se de cultivar o espírito, que vai acumulando uma sede insaciável de bem e verdade.

Parafraseando Tolstói, todas as pessoas felizes se parecem; já as infelizes o são *"a modo suo"*.

As pessoas felizes cultivam o bom amor-próprio, que traz consigo o amadurecimento pessoal, fruto do encarar-se com as próprias limitações, e que leva a abrir-se ao outro e à transcendência.

15 DICAS PARA O AUTOCONHECIMENTO

DICA 5
BUSQUE A FELICIDADE
NO QUE É ESSENCIAL

A felicidade é uma porta que se abre para fora.

Kierkegaard

Quão verdadeiras são essas palavras! Muitos buscam a felicidade procurando-a na satisfação de si mesmo. Paradoxalmente, acabam por se afastar ainda mais dela. Tentar agarrá-la diretamente é impossível. A felicidade não é um estado de espírito, se assim fosse, seria um sentimento. Antes, é resultado de uma sabedoria que se expressa, na prática, por meio de decisões e ações.

A felicidade se alcança focando naquilo que é essencial.

Aristóteles

É um processo de descoberta pessoal. O tempo e a vida, como bons mestres, vão nos ensinando, se nos deixarmos instruir. Discernir o essencial do acessório é o começo da verdadeira sabedoria. Trata-se de um processo de crescimento interior que leva a descobrir nossa própria essência. Erram o caminho os que buscam fora o que está dentro.

DICA 6
PRATIQUE
MINDFULNESS

Daniel Siegel, conhecido professor clínico de psiquiatria na Escola de Medicina da Universidade da Califórnia (UCLA), afirma que *mindfulness* é um processo biológico que promove a saúde, sendo uma forma de higiene mental. Esse assunto ganhou muita relevância nos últimos anos, dado o seu impacto na vida pessoal, social e corporativa. Baseia-se em modelos psicológicos que têm origem na Europa e nos Estados Unidos, incluindo, por exemplo, a Gestalt e a Terapia Cognitiva.

Entender qual o significado deste conceito e os inúmeros ganhos que a prática da atenção plena, tradução do termo ao português, pode trazer para o dia a dia de quem a adota é algo muito útil.

Sabemos que a pressão do cotidiano e as muitas demandas da vida moderna tornam difícil manter o foco e ter o equilíbrio pessoal necessário para poder tomar boas decisões. É preciso redescobrir fatores essenciais que estão sendo esquecidos pelos apelos constantes de um dia a dia hiperconectado e *multitasking*.

Por exemplo, é importante tirar um momento para respirar, atendo-se ao presente.

Destaco três conselhos que nos ajudam a recuperar o sentido das pequenas coisas da vida, assumindo o comando da própria existência, e, ao mesmo tempo, alcançando um ponto de equilíbrio que é fundamental para a gestão de si mesmo. A bem da verdade, trata-se de algo mais profundo do que isso.

Lendo recentemente um artigo publicado na *Harvard Business Review* (HBR), um conhecido professor diz que a resiliência não é simplesmente a habilidade de continuar o esforço começado, superando o cansaço, a pressão e o desânimo. Trata-se, antes de mais nada, de saber como utilizar as nossas energias, ou, de certo modo, saber como lidar com nós mesmos, identificando o modo, sempre pessoal, de nos refazer, de descansar e desestressar. O autor nos recorda que ser resiliente significa ter a capacidade de recarregar as próprias energias. E, nesse sentido, o *mindfulness* é uma grande ajuda. Portanto, de certo modo, a atenção plena guarda relação com o nosso bem-estar físico, mental e espiritual. *Mindfulness* diz respeito a prestar atenção ao momento presente, àquilo que estamos fazendo ou aos nossos primeiros impulsos. Ser capaz de captar os diversos estímulos, tanto internos — como pensamentos, lembranças e emoções — quanto externos — como acontecimentos e palavras. Ter a habilidade de lidar com essas informações, processando-as e gerando respostas conscientes e maduras, e não automáticas e instintivas. Portanto, o *mindfulness* traz como benefício tornar-nos conscientes das nossas tendências e inclinações, e faz com que atuemos sobre o próprio temperamento, fundando as bases da nossa personalidade.

Exercitar-se na atenção plena significa aumentar a capacidade de autocontrole, gerindo melhor nossa atenção e regulando nossas emoções. Na realidade, em termos científicos, o *mindfulness* tem como primeiro benefício tornar nosso cérebro mais apto para trabalhar focado.

Esse modo de viver o momento nos confere a habilidade de sentir emoções (como dor, raiva, frustração, ansiedade e medo) e não reagir de imediato a elas, dando-nos controle perante as sensações. A atenção plena nos possibilita um espaço entre nossas emoções e a resposta que daremos a elas, de modo que possamos pensar antes de agir. Ganhamos em maturidade e capacidade de discernimento. Agimos guiados por uma racionalidade menos sujeita às variações da nossa sensibilidade. Por exemplo, somos mais donos das nossas decisões.

Há muitos benefícios pessoais na busca do *mindfulness*. Os especialistas atestam que os ganhos são verificados nas dimensões cognitiva, psicossomática e emocional.

Começando pela dimensão cognitiva, Siegel cita o desenvolvimento de habilidades como gestão da atenção, capacidade de concentração e de monitorar os conflitos internos. Aumentamos a percepção daquilo que se passa em nosso interior, nos tornamos mais conscientes. Portanto, crescemos em autoconhecimento.

Na dimensão psicossomática, estudos comprovam os efeitos positivos na prevenção do estresse e também no modo como lidamos com ele. Exercendo o *mindfulness* aprendemos a identificar a origem dos nossos estímulos e impulsos e nos tornamos mais aptos a manter ou retomar o controle de nós mesmos em momentos de tensão. É a capacidade de autorregulação, fundamental para a autogestão. Torna-nos mais aptos a exercer o autogoverno.

Por fim, na dimensão emocional, a atenção plena facilita o desenvolvimento de relações construtivas ao nosso redor. Permite, por exemplo, um maior domínio dos estados de ânimo, previne a tomada de posições baseada em ideias preconcebidas, favorece o desenvolvimento de habilidades como empatia e inteligência emocional.

De fato, se crescemos em conhecimento próprio, se somos mais capazes de liderar-nos, estamos melhor preparados para cultivar relacionamentos saudáveis, viver em sociedade e, de fato, ser mais felizes. Essa é a via científica para a construção de uma personalidade madura.

PAUSA PARA REFLEXÃO
(DICAS 4, 5 E 6)

Proponho começar a reflexão desta pausa com os dizeres contidos na tragédia descrita por Sófocles em sua obra *Antígona*.

Quando os homens perdem a razão de ser de sua alegria, eu suponho que não vivem: são apenas cadáveres animados. Acumula em tua casa, se queres, riquezas sem conta; vive com o fausto de um rei; se não possuis a alegria, tudo isto não vale a sombra de uma fumaça, comparado a uma verdadeira felicidade. (Sófocles, *Antígona*, canto 69)

Cultivar o espírito significa mergulhar nas profundezas do próprio eu para descobrir seus elementos constitutivos. E, ao mesmo tempo, dedicar tempo para refletir sobre os temas fundamentais da vida.

A felicidade é a meta intrínseca a todas as ações humanas.

E você, já parou para pensar no que consiste a sua própria felicidade?

Aristóteles, em Ética a Nicômaco, diz: "Todos os homens querem ser felizes". No entanto, destaca a divergência de entendimento sobre como alcançá-la. Uns afirmam que está nos prazeres, outros que se encontra nas honras e, por fim, há aqueles que dizem que a felicidade surge na contemplação da verdade.

Sendo a felicidade a razão última no nosso agir, é o que se busca por si mesmo, e não em função de outra coisa. Portanto, ela possui uma relação essencial com nossas escolhas.

Xenofonte, discípulo de Sócrates, afirmava que o guia da ação humana era a verdade filosófica, ou seja, a sabedoria.

O *mindfulness* nos ajuda no atingimento dessa sabedoria porque nos coloca em condição de prestar mais atenção ao momento presente. No entanto, a verdadeira sabedoria se adquire por meio da abertura à realidade, de um olhar para si mesmo e ao estudo da nossa condição humana. Desse modo, a discussão sobre a felicidade humana se torna também uma discussão sobre a verdade do ser humano. Aldous Huxley, no livro *Admirável mundo novo*, reproduz uma sociedade futura na qual as pessoas permanecem sempre jovens e felizes graças a uma droga que lhes garante a ausência de tristeza ou sofrimento. Isso desperta uma discussão sobre felicidade, realidade e verdade. É preciso criar uma realidade e uma verdade para ser feliz? Só é possível ser feliz se ignoramos a realidade? Não seria precisamente o contrário? A felicidade não é um produto de prateleira. Só é verdadeira quando lidamos com a realidade de um modo sábio, encarando-a de frente ao invés de buscar fugas de todo tipo.

DICA 7
SEJA COERENTE

O ser humano se acostuma a tudo, até mesmo a viver com a pobre felicidade que pensa ter alcançado com a satisfação de ter realizado seus pequenos sonhos.

Escravizados pelas próprias debilidades, pelos medos e modos de ser, acostumamo-nos com relações de conveniência e amores de verão. Adaptamo-nos a arremedos de felicidade e contentamo-nos com as migalhas de um banquete do qual não nos esforçamos em participar. Trocamos a verdade pelo faz de conta para poder suportar uma rotina que não queremos. Buscamos presentear-nos, tentando afogar com bens materiais a sede de sentido que nos bate à porta. Agindo dessa forma caminhamos para algum lugar concreto ou navegamos sem rumo?

Não se trata somente de ter metas e objetivos. Nosso tempo padece tanto pela falta de verdadeiros ideais como pela falta de pessoas capazes de vivê-los com coerência. O que é importante na vida não é necessariamente mensurável.

Utopias perigosas pretendem resolver os problemas existenciais de modo mecânico, propondo a ilusão de eliminar todo o mal. Não acreditemos na justiça dos que promovem injustiças, na tolerância dos que promovem intolerância. Não acreditemos nos que defendem a liberdade e promovem um pensamento único.

DICA 8
SEJA ÉTICO

Para muitos, a ética se reduziu a um conjunto de obrigações e proibições que dizem respeito ao cumprimento de regras e normas. Por esse ponto de vista, a ética seria um fator limitador, um freio à livre ação e à capacidade de realizar, quase um fardo a ser carregado. Sendo assim, a ética poderia ser comparada a um muro de contenção, mais do que um alicerce sobre o qual se apoia todo o edifício da sociedade e de cada um de seus membros. Sabemos que a função do muro de contenção é resistir a pressões, enquanto a função do alicerce é sustentar determinada estrutura.

Entender a ética a partir da figura do muro de contenção significa falar de algo que, mesmo sendo necessário, tem uma natureza meramente instrumental, externa e não inerente à nossa própria vida. Ao contrário, se por ética entendemos o alicerce que permite o levantamento de toda uma construção, estaremos nos referindo a algo essencial, interno e intrínseco.

Dependendo da figura que ilustra este conceito, teremos maneiras completamente diferentes de tratar os dilemas éticos.

A imagem do muro de contenção nos remete a um entendimento da ética como uma aplicação de normas, algo meramente "legalista". Trata-se de ter regras e códigos de conduta. Por esse motivo, torna-se necessário criar mecanismos de controle ou barreiras que impeçam que a pressão exercida sobre a estrutura da sociedade e sobre cada indivíduo não provoque a sua ruína.

Não está em jogo o questionamento dos critérios de tomada de decisão e sua relação com uma linha de atuação, sobre a bondade ou o dever ser das decisões que tomamos. Ficamos mais tranquilos simplesmente obedecendo a uma ordem ou seguindo um código.

15 DICAS PARA O AUTOCONHECIMENTO   45

Sendo assim, não é à toa que muitos torcem o nariz quando ouvem falar de ética. Segundo eles, essa palavra traz consigo tudo aquilo que sabemos que não se pode fazer, mas que todo mundo faz.

Tal modo de pensar corresponde a uma visão de ética que tem a ver com parâmetros externos de comportamento. Algo que, em muitos casos, poderia ser comparado com o politicamente correto. Quer dizer, se existe a aprovação externa, tudo certo, tudo o.k. Ainda que a ação que realizei seja em si mesma condenável, como não foi percebida por ninguém ou como não transcendeu o âmbito da minha consciência ou das quatro paredes da minha casa, continuo sendo um exemplo de cidadania e de honradez. Nada mais falso.

Proponho que retomemos o conceito clássico de ética como a ciência do bem viver, ou seja, do bem pensar e do bem agir. Algo que diz respeito às nossas realizações como pessoa, em todos os sentidos: na vida pessoal e social, familiar e profissional.

Não podemos esquecer que a sociedade é reflexo do que são cada um dos seus integrantes, com suas qualidades e defeitos, virtudes e vícios, luzes e sombras. Essa é a verdade sobre o ser humano.

Determinadas condutas são boas ou más não porque estão descritas num código. A ética não é um muro de contenção, é o alicerce da vida de toda sociedade e de cada um de seus membros.

DICA 9
HARMONIZE EGO
E PERSONALIDADE

"Só sei que nada sei." Esta é a máxima socrática que abre as portas para o aprendizado e a verdadeira educação. Também é a afirmação de que a humildade é uma disposição necessária para crescer como pessoa.

Lidar com o ego não é tarefa fácil, exige um trabalho de autoconhecimento e autogoverno que passa por gerenciar muito bem as próprias emoções. Sem isso, é impossível autoadministrar-se. Não se trata somente de uma atividade intelectual, mas também de uma disposição da vontade: querer. Tal como o artista busca potencializar sua criatividade e encontrar sua voz interior, desenvolver a própria personalidade significa estar disposto a olhar para si mesmo com objetividade, tarefa que requer que nos deixemos instruir por um bom "pedagogo".

Empreender uma viagem de autoconhecimento exige empenho e não pode ser uma missão solitária. O papel do pedagogo é ajudar-nos a encontrar nossa voz interior, ensinando-nos a virtude e ajudando-nos a alcançar o pleno desenvolvimento de nossas potencialidades. Em resumo, descobrir a verdade sobre nós mesmos. E você, já encontrou o seu "pedagogo", aquele que pode ajudá-lo a chegar à própria harmonia interior?

DICA 10
EXAMINE
SEUS AMORES

Ainda que sejam inúmeras as formas de amar, destacam-se três tipos de amor.

O Amor-Desejo (*Eros*) é o primeiro de uma escala ascendente. Caracterizado pelo querer ter, possuir, despertado pela atração dos instintos. Efêmero, assim que saciado procura outros interesses. Se não dominado, é impulso que desumaniza. Manifesta-se na falta e carência. Ainda que força motriz da vida, é incapaz de sanar a solidão essencial do ser humano.

Por meio do Amor-Amizade (*Philia*) temos a benevolência. Faz com que sejamos capazes de sair de nós mesmos. Fundamental para enxergar um tu, diferente do eu, abre-nos à transcendência. Torna possível ir além da justiça nas relações sociais. Dá lugar à generosidade, abre caminho ao interesse verdadeiro pelo outro. Para Aristóteles, um amigo é um outro eu.

Pelo Amor-Doação (*Ágape*) somos capacitados a amar desinteressadamente, expressão cabal de humanidade. Manifesta desprendimento e abnegação. Encontra-se no cerne dos grandes ideais de vida e ajuda a descobrir a missão pessoal. Muitos não entendem o Amor-Doação, pois, se afogam nas águas tormentosas do próprio eu. Não percebem que o ser humano necessita de algo ou alguém pelo qual se dedicar, doar e servir. Amar exige sair de si, autotranscender.

Os três amores regem nossa existência e precisam ser integrados por meio da educação, que leva ao desenvolvimento da própria personalidade e ao encontro com o próprio eu, único e irrepetível.

DICA 11
FUJA DO
COMPORTAMENTO EGOÍSTA

Dizer que o egoísmo pode ser ético é fornecer uma explicação confusa sobre o agir humano.

Revela falta de conhecimento do que nos define como pessoa, sendo uma explanação desajeitada da natureza dos desejos e das punções que sentimos, e que nos levam a buscar o próprio interesse em detrimento dos outros.

A definição agostiniana de *ordo amoris* — ordem do amor — é a peça fundamental para explicar tal contradição. Há amores bons e maus. Os primeiros são fonte de virtudes; os segundos, de vícios. Ordenar os "nossos amores" é ordenar o nosso coração. "Diga-me quais são seus amores e dir-te-ei quem és."

O egoísmo é a manifestação do mau amor-próprio, pois, introduz uma desordem interior: considera as próprias opiniões, interesses e necessidades, conferindo-lhes a primazia sobre qualquer outra coisa ou necessidade alheia. É fonte de todos os vícios.

Para exercer plenamente nossa condição humana, não basta sermos donos do nosso destino e atuarmos no próprio interesse.

Pretender que o egoísmo possa ser ético, como defendem alguns, equivale a analisar o agir humano como sendo guiado por seus instintos, ignorando a sua capacidade para autotranscender. Tal postura sempre traz consequências práticas ruins para o dia a dia.

DICA 12
CONHEÇA SUAS VIRTUDES
E SEUS VÍCIOS

A forma como lidamos com nossos medos afeta a maneira como vemos o mundo e como nos posicionamos diante da realidade.

Egoísmo, orgulho e vaidade são exemplos de vícios pautados pelos nossos medos: não ser aceito ou valorizado, fracassar e sofrer, não ser feliz.

O binômio virtude/vício é a chave que resolve grande parte de nossos dilemas. A virtude estrutura uma personalidade madura, conferindo domínio sob nós mesmos. O vício nos transforma em escravos de nossas fraquezas, paixões e instintos.

Enquanto a virtude busca o bem verdadeiro, o vício procura somente o próprio interesse. O vício instiga nosso lado sombrio, impaciente, agressivo, impertinente, bruto. É contraditório e incoerente, mal-educado e abusivo, descontrolado e azedo.

O vício infantiliza, é caprichoso. A virtude mostra-se amável, leve, serena, alegre. Dá sentido e determinação. É a porta que se abre aos outros.

O vício é a resposta equivocada aos nossos medos. Constrói narrativas confusas e retorcidas em que falta a necessária harmonia. Sempre leva à tristeza, por meio de arremedos de alegria.

A virtude, mesmo com erros e enganos, é a resposta coerente e luminosa que escreve a nossa história. Só através dela encontramos o verdadeiro caminho da felicidade.

PAUSA PARA REFLEXÃO (DICAS 7 A 12)

Para Hobbes, o homem é o lobo do homem e a sociedade existe para garantir um mínimo de ordem. Rousseau, pelo contrário, diz: o homem é bom por natureza e a sociedade o corrompe.

Será possível não existir uma visão objetiva sobre a condição humana?

Uma coisa é certa: a resposta a essa pergunta, que é antropológica, condiciona a ética, as ciências políticas, a sociologia e a psicologia.

William Golding, no seu romance O *senhor das moscas*, retrata a regressão à selvageria de um grupo de crianças inglesas de um colégio interno quando ficam presas em uma ilha deserta sem a presença de adultos, após a queda do avião que as levava para um lugar longe da guerra. Nesse momento, estando entregues a si mesmas, como devem se comportar? Quem lhes imporá limites? Longe da sociedade, tudo é permitido?

Existem valores objetivos que transcendem o aspecto legal? Algo é moral só porque é legal? Se não existissem as leis, poderíamos fazê-las de acordo com nossas conveniências?

Quem constitui a Lei? Qualquer um, o mais forte ou um homem justo?

Qual a pauta para estruturar nossa personalidade? Pura arbitrariedade? O legalismo?

Identificar nossos comportamentos e refletir sobre nossas ações é algo essencial para o autoconhecimento. O fundamento da ética é a experiência moral, que todos temos.

Todos nós já nos arrependemos de decisões que tomamos, ações que realizamos, coisas que dissemos. Todos experimentamos a sensação de satisfação perante o dever cumprido ou uma ação feita.

Assim como não é possível dissociar a pessoa da sua biografia, tampouco podemos eliminar o conceito de virtude ou vício. Tais referências básicas e objetivas de comportamento estruturam a vida individual e social.

Ignorar este fato é querer reduzir o ser humano a um ser sem sentido e sem significado, origem histórica de todas as tentativas de manipulação e de todos os totalitarismos.

DICA 13
SEJA CULTO

Ter cultura significa ter adquirido um conjunto de conhecimentos relevantes sobre o mundo. Ser culto guarda relação com a capacidade de utilizar tais conhecimentos, criando uma visão de mundo e da vida. Ter cultura se refere a ter dados, informações. Ser culto significa ser capaz de usar tais dados e informações de modo adequado e com proveito próprio e dos demais.

Para ter cultura, não necessariamente se requer capacidade crítica sobre fatos e dados. Para ser culto, torna-se necessário chegar às próprias conclusões, emitindo juízos consistentes e honestos.

Ter cultura é:

- Conhecer a história do próprio país e as origens do seu povo;
- Conhecer as bases da civilização.

Ser culto é:

- Formar as próprias opiniões, tendo como base convicções profundas;
- Ver o mundo além de esquemas dialéticos e reducionistas.

Para ter cultura, basta o hábito de leitura. Não é possível ser culto sem estudar e refletir, sem a troca de ideias e a presença de convicções pessoais fundamentadas.

Ter cultura refere-se a um saber cumulativo. Ser culto se refere a um saber prudencial. O primeiro nos transforma numa enciclopédia; o segundo, em pessoas maduras e respeitadas por suas opiniões.

Ser culto é ser livre!

DICA 14
APRENDA
A COMPROMETER-SE

A tentação de uma liberdade descompromissada aparece a cada momento. Continuamente diante do finito, o homem tende a esquecer sua condição, fazendo apostas de felicidade que trazem como prêmios a sede de sentido e o inconformismo.

Não estar preso a nada nem a ninguém, não ter nada que nos comprometa ou que torne difícil dar marcha a ré... Sermos livres... É o sonho-delírio que nos leva a ansiar por uma leveza de vida que, na realidade, é um jugo pesado que vicia e acorrenta.

A vida e seus dilemas testam nossa humanidade porque viver é deparar-se com situações que nos colocam à prova. Viver é comprometer-se.

O mundo atual oferece inúmeras fórmulas mágicas de alegria e satisfação. No entanto, parece que nunca houve tanta infelicidade e frustração como agora.

Pascal Bruckner, no livro A *euforia perpétua*, diz que a depressão é o mal de uma sociedade que decidiu ser feliz a qualquer preço. Há uma solidão que não se dissipa com nada: nem com pessoas, nem com bens, e muito menos com prazeres e dinheiro.

O ser humano necessita de transcendência. São verdadeiras as palavras de Tolstói quando dizia que na vida só há um modo de ser feliz: viver para os outros. Trata-se de algo que deve ser entendido com a cabeça e vivido com o coração.

DICA 15
LIBERTE
SUA LIBERDADE

O hiperconsumo é uma das formas de dependência do mundo contemporâneo. Paliativo da nossa sede de sentido, joga-nos na vala comum da materialidade.

Contribui para acentuar um individualismo que pode tornar-se asfixiante, que embrutece os sentidos e reduz o intelecto.

O ser humano está perdendo sua liberdade interior ainda que, externamente, possua mais liberdade de escolha. Como estimulantes dessa escravidão, nos sentimos empoderados pelos bens que adquirimos.

Reforça-se uma psicologia de solidão que nos esvazia a alma. Nunca se consumiu tanto: produtos, marcas e slogans. Nunca se viu tantos viciados em drogas, sexo, bebidas, jogos, adictos em adrenalina e esportes de alto risco, pelo prazer do perigo.

Época dos "adultescentes", dos eternos imaturos não resolvidos. Tempo de céticos e também de fé cega nos princípios de gurus e "intelectuais" incapazes de coordenar duas ideias acerca do espírito humano. Revelam a própria pobreza interior, incapaz de captar ideais que nunca tiveram, sentimentos que nunca experimentaram e valores que nunca conheceram.

Experiências antropológicas mancas e rasteiras que geram seres humanos disfuncionais, tendo seus valores ditados pela mídia, pelas redes sociais e pela desinformação.

Ser humano, onde está a tua humanidade? Torna-te o que és!

PAUSA PARA REFLEXÃO
(DICAS 13, 14 E 15)

O que significa ser livre?

Armando Valladares, no livro *Contra toda esperança*, relata o momento em que descobriu o que se chama de liberdade interior. Preso político no regime castrista, passou 22 anos no Gulag das Américas, em Cuba.

Se ser livre significa simplesmente fazer o que se quer fazer, então Valladares seria, junto com todos os demais da sua condição, um homem aniquilado na essência da sua condição humana.

Não é isso o que ele mesmo descreve nas suas narrativas. Na verdade, o conceito de liberdade é muito mais profundo, tem a ver com a própria essência do ser humano.

A liberdade não é somente o poder de escolher ou o ato de escolher.

Viktor Frankl, psiquiatra judeu que padeceu nos campos de concentração nazistas, explica muito bem o que é a liberdade interior.

No campo de concentração, se pode privar a pessoa de tudo, menos da liberdade última de assumir uma atitude alternativa frente às condições dadas. Aquilo que sucede interiormente com a pessoa, aquilo em que o campo de concentração parece transformá-la, revela ser o resultado de uma decisão interior. Toda pessoa, mesmo sob aquelas circunstâncias, pode decidir de alguma maneira no que ela acabará sendo, em sentido espiritual: um típico prisioneiro de campo de concentração ou uma pessoa que também ali permanece sendo um ser humano e conserva a sua dignidade.

A liberdade espiritual do ser humano, a qual não se lhe pode tirar, permite-lhe, até o último suspiro, configurar sua vida de modo que tenha sentido. (FRANKL, 2009, p. 88-89)

Ninguém pode atingir o nosso eu mais profundo. Somos, cada um de nós, o que decidimos que queremos ser.

Há muitos que não conhecem este conceito. Agem como manada. De certa forma, deixaram de ser verdadeiramente humanos porque deixaram de ser verdadeiramente livres.

Para que serve a liberdade? Para dar vazão a todos os nossos desejos?

Se esse é nosso conceito de liberdade, quão limitada será nossa liberdade? Quem nos salvará de nós mesmos, de nossos próprios desejos e instintos incontidos? Quem nos impedirá de sermos tirânicos? Quem nos salvará da tirania da vontade dos demais?

O exercício da nossa liberdade nos fará felizes se formos sábios. Aquele que usa de sabedoria sabe diferenciar um bem real de um bem aparente.

A busca do bem real sempre nos faz crescer na virtude; a procura por um bem aparente nos faz acumular vícios.

20 DICAS PARA O AUTOGOVERNO

Falar de autogoverno significa falar de autocontrole, exercer plenamente a nossa liberdade, nos tornando donos do nosso destino.

Para isso, é necessário conhecer nossa estrutura interior, hábitos de pensamento que conduzem atitudes e comportamentos. Dar-se conta das nossas fortalezas e debilidades para saber lidar com os conflitos internos. Educar nossa afetividade para dar as respostas adequadas às diversas situações que enfrentamos.

Neste capítulo, não tratarei de aspectos da psique. Abordarei temas que dizem respeito à estruturação de uma personalidade madura, partindo da experiência vital e antropológica.

Autogovernar-se é ser capaz de resolver os próprios dilemas e as complicações interiores, significa ter domínio sobre si mesmo, sabendo vencer estados de ânimo.

Autogerir-se é liderar a si mesmo, superando as reações primárias ditadas pelo nosso temperamento e modo de ser, adquirindo as virtudes que nos faltam para dirigir a nós mesmos.

DICA 1
ABRACE
UM IDEAL

Não podemos contentarmos-nos com ideias formatadas e transmitidas por gurus!

Precisamos de pessoas que realmente encarnam ideais e não de ilusionistas que sobem no bonde da história e se auto proclamam defensores de direitos sociais e políticos. Não precisamos de intelectuais de esquerda, direita ou centro. Antes de mais nada, precisamos de pessoas virtuosas! Necessitamos pessoas autênticas e não de vidas puramente exteriores, que representam um papel e correm atrás de seus interesses pequenos. Você não sente a falta homens e mulheres cultivados por ideais grandes e genuínos? Requer-se pessoas que pensem e que sejam capazes de atuar movidas por valores humanos, não apenas valorações políticas. Precisamos de pessoas com valores que se demonstram na vida e não nos discursos para plateias e auditórios. A maior prova de um ideal é a vida que levam os que o defendem, com suas atitudes e comportamentos. Temos aqui a demonstração do seu verdadeiro caráter. Conhecemos as pessoas pela sua biografia, não somente pelos seus ideais.

DICA 2
TENHA
CONVICÇÕES

Quais são as suas convicções? Qual é a sua força? Pensar por conta própria é, hoje em dia, um processo laborioso, apesar da facilidade e do acesso descomunal a todo tipo de dados e informações. O processo de estruturar as próprias convicções é lento. As pessoas tendem ao anonimato, a pensar em manada.

Atualmente, existe uma infinidade de pequenas manadas que, por todas as partes, destroem os indícios da civilização na sua passagem desembestada e inconsciente. São, por exemplo, os modernos "talibãs", com seus desejos de defender e impor seus pensamentos. Ter convicções não significa ser rígido ou impositivo e pouco aberto ao diálogo. Trata-se de ter ideias e conceitos assumidos como próprios e, portanto, bem fundamentados de acordo com uma compreensão mínima do que significa ser humano e dos fundamentos da existência e da felicidade.

O horizonte atual da sociedade apresenta grandes espaços onde o que domina é o pensamento da manada. É o mais fácil, o comum, o que todos afirmam ou assumem como padrão.

Vivemos a era do *homo fluidus*, em um mundo divergente porque ser divergente é a nova ordem.

DICA 3
TENHA
CARÁTER

Todos nós experimentamos a fisgada do egoísmo que pode chegar a sufocar o desejo de fazer o bem. A tendência a buscar a própria excelência acima de tudo é algo constitutivo no ser humano. O ego sempre nos acompanha e nos faz ter uma visão distorcida de nós mesmos. O remédio necessário para colocar as coisas nos seus devidos lugares é a formação do carácter. Esse é o grande oceano azul da nossa época.

Somos muito bem treinados tecnicamente e, no entanto, carecemos do mais essencial: a preparação para exercer plenamente a nossa condição humana. E o reflexo se faz sentir em todas as esferas da sociedade, tanto pública quanto privada.

A formação do caráter é um processo laborioso que diz respeito à excelência humana e exige trabalhar a inteligência e a vontade. Não se refere somente a ser honesto. Tem relação direta com a tomada de decisão relativa ao bem a ser buscado em cada ação.

Destaco três tipos de erros que advêm de uma deficiente gestão de si mesmo e que afetam nossas decisões: o sentimentalismo, o racionalismo e o voluntarismo.

PAUSA PARA REFLEXÃO
(DICAS 1, 2 E 3)

Vivemos numa era que perdeu a dimensão da excelência humana e da necessidade de cultivar e desenvolver o próprio caráter através das boas qualidades humanas.

Em muitas pessoas, nota-se uma insatisfação de fundo, e uma incapacidade de tomar decisões e conviver com elas. Vemos um aumento de pessoas em busca de propósito.

Ao mesmo tempo, gasta-se muito tempo com coisas intranscendentes.

Às vezes, parece ser que chamam de vício a virtude e a virtude de vício. Fruto de uma deseducação da razão, parece estar se instalando uma confusão entre o que é certo e o que é errado, até tal ponto que as convicções sejam fruto de uma subjetividade sem relação com a realidade.

Vivemos tempos em que a mediocridade adquiriu status de excelência e onde a ignorância ascendeu à categoria de sabedoria. Criam-se narrativas que adquirem caráter de verdade, apesar de se negar a própria existência de uma verdade.

Incoerência ou conveniência? No nosso tempo, para muitos, a coerência parece ter perdido razão de existência.

Iguala-se o que são simples opiniões com o saber verdadeiro.

Debrucemo-nos sobre a filosofia e cultivemos o hábito de refletir.

DICA 4
DESACELERE

O ritmo acelerado é corriqueiro em executivos e pessoas constantemente pressionadas para gerar resultados, decorrente da exigência de estar sempre "ligado", "antenado". Trata-se de um estado de alerta contínuo e desgastante, que suga nossas energias.

É necessário se conhecer: quais são meus limites? O que me causa estresse? Como reajo a ele? Cada um tem um nível de resiliência diferente. Já reparou que nos dias em que parece que a cabeça não consegue reter as informações temos dificuldade de concentração ou ansiamos por estar sozinhos?

Eis algumas consequências de estar sempre tensionados, que podem evoluir para um estado de ansiedade crônica.

Saiba gerir a si mesmo, administrar sua agenda, equacionar a vida profissional e pessoal. Encontre seu oásis de tranquilidade no meio da efervescência do dia a dia.

Cada atividade tem seu momento, tenha foco. Ser "multitarefa" não significa fazer tudo ao mesmo tempo, mas desenvolver a capacidade de gerir em 360°.

Elimine as tensões oriundas de um modo de ser perfeccionista; aceite as próprias limitações, conte com elas. Crie um espaço seu onde possa recompor-se, busque estar a sós consigo mesmo.

Todos esses pontos asseguram a paz interior necessária para lidar com os desafios que a vida nos apresenta.

DICA 5
CONTROLE SEU
MUNDO INTERIOR

Saber lidar com o próprio mundo interior por meio de uma boa gestão de si mesmo evita muitos problemas. Adoecemos não pela gravidade das circunstâncias que enfrentamos, mas pelo modo que encaramos as dificuldades. Há sempre um componente subjetivo.

Pela memória e imaginação, constantemente nos reportamos ao passado ou nos transportamos ao futuro. O problema está em como retornamos dessas viagens, qual a carga emocional que trazemos de cada incursão.

O ser humano é a única criatura capaz de utilizar a engrenagem do tempo rompendo suas barreiras. Fazemos da nostalgia poesia; dos sonhos, ficção. Essa dinâmica que liberta, às vezes aprisiona.

Se deixamos o dia a dia ser assombrado por fantasmas do passado que habitam nossa memória, abrimos as portas para a depressão.

Se permitimos que a rotina seja dominada pela pressão das entregas e dos resultados, tornamo-nos escravos do presente e vulneráveis ao estresse.

Se consentimos que a cabeça esteja sempre preocupada pelo que pode acontecer, fruto de uma imaginação descontrolada, deixamos a ansiedade nos sufocar.

É importante aprendermos a usar a memória e a imaginação, cultivando as virtudes que estruturam a nossa personalidade e nos conferem autoconhecimento.

DICA 6
APRENDA
A PONDERAR

Parece que alguns tentam impor uma visão de mundo pela qual qualquer ponto de vista está certo e é igualmente válido. Isso se refere tanto a comportamentos como em relação a formas de levar a vida. Aparentemente, não há nenhuma outra exigência além de ser honesto, e mesmo isso já parece não ser consenso. Para alcançar objetivos pessoais alguns recorrem ao vale-tudo; os fins justificam os meios.

Não estamos vivendo tempos de mediocridade? O ser humano tende, naturalmente, ao amor. A grande questão é definir o que devemos amar: o dinheiro, nossa própria imagem, nosso próprio bem? O segredo está em levantar a vista para algo mais nobre e elevado, sair de si mesmo. Os adoradores do próprio eu, das suas ambições, dos próprios desejos e satisfações, são pessoas sem interioridade.

Tais comportamentos moldam um estilo de vida que traz um preço alto, que não vale a pena pagar. Ao longo de vinte anos como professor, pude comprovar que saber tomar decisões de vida é um grande diferencial. Os afoitos, excessivamente ambiciosos, exageradamente agressivos, pouco empáticos, nada transcendentes e muito materialistas, muitas vezes conseguem seus objetivos profissionais, mas têm muita dificuldade para conduzir a própria vida pessoal rumo à verdadeira realização.

PAUSA PARA REFLEXÃO
(DICAS 4, 5 E 6)

Nem sempre nos damos conta de que trabalhamos com modelos mentais e referências que se constituem para nós numa segunda natureza.

O problema não é tomar decisões com base nas mesmas ideias-chave, mas sim fazê-lo de modo automático. Passar a ver a vida sob o olhar instantâneo dessas ideias pode ser muito útil, mas se falta abertura à realidade e a necessária atenção ao contexto, seremos superficiais e poderemos ser imprudentes.

Há várias formas de descobrir se vivemos dos nossos mitos. O mitificador é apenas um repetidor de ideias. Vive das opiniões alheias, que são incorporadas como próprias; de crenças, que transformam em verdades absolutas. Vê o mundo sempre sob o mesmo ângulo, monocromático, com a cor apagada das suas ideias preconcebidas e empoeiradas.

Vivemos em tempos de gênios deseducados, sensibilidades embrutecidas, inteligências pouco trabalhadas. Os mitificadores usam formas vulgares, palavras vazias. Adotam um discurso de pouca densidade intelectual e fundamentado no clichê.

A propósito, Jordan Peterson, psicólogo clínico canadense, nos fornece uma perspectiva muito interessante sobre o tema: Parafraseando Jung, ele diz que todos nós agimos tendo como base inconsciente um mito, ou seja, algo que nos fornece uma chave de interpretação do mundo demasiado simplista e que pode chegar a comprometer seriamente nossa capacidade de tomar decisões, provocando autênticas tragédias gregas.

Não nos deixemos colonizar por ideias medíocres e rasteiras de simples ordem social. Não sejamos mitificadores, mas buscadores da verdade!

DICA 7
CONHEÇA
SUAS DEBILIDADES

O que te domina e te torna vulnerável? Na linguagem clássica, a pergunta seria: o que te escraviza e te tira a liberdade?

Aqui vamos destacar, dentre outros fatores, aquilo que se chama na linguagem filosófica de paixões humanas: medo, ira, orgulho, vaidade, preguiça, inveja... Para identificá-las e poder lidar com elas, é fundamental se aprofundar no autoconhecimento e crescer na capacidade de autogoverno.

Em um mundo que apresenta traços claros e abundantes de desumanização, crescer em humanidade não é uma tarefa tão trivial. *"Quidquid recipitur ad modum recipientis recipitur"*, traduzido livremente: cada um recebe de acordo com a sua capacidade.

Os olhos do míope veem uma realidade distorcida. Aquele que é ignorante sobre si mesmo e sua condição não poderá liderar a si e muito menos exercer de modo conveniente a liderança sobre outras pessoas.

Para conhecer as próprias debilidades, temos que seguir pela estrada do *self* até chegar às suas fontes. Nos dar conta de que existe um espaço chamado interioridade, lugar onde estamos presentes para nós mesmos.

"Noli foras ire, in teipsum redi: in interior homine habitat veritas." Assim diz o adágio: Não vá para fora, volte para dentro de si mesmo. No interior mora a verdade.

O cultivo da própria interioridade é o pré-requisito para avançar no autoconhecimento, identificando potenciais, limites, qualidades, defeitos e carências.

A consciência de si traz muita luz para o dia a dia, contribuindo para o bem-estar físico, emocional e espiritual. Ser capaz de perceber e compreender as próprias emoções, desenvolver um diálogo sadio consigo mesmo e o silêncio interior. Estes são os requisitos para começar a viagem ao interior de si próprio.

Um líder com afã de superação cria ao redor de si o magnetismo que arrasta e transforma. Todos temos nossos medos, nossos egoísmos, nosso orgulho e nossa vaidade. Uma coisa são as debilidades sentidas e outra, muito diferente, aquelas continuamente reiteradas por nossas ações. O ponto-chave é como encaminhamos essas manifestações do nosso mundo interior. O problema não é perceber que elas existem, mas sim nos deixar dominar por elas. Saber lidar com a própria debilidade é procurar se superar! Se dar conta dos próprios sentimentos e emoções, das intenções que nos movem, do que pode ser mesquinho e pouco nobre. A partir dessa constatação, forjar o próprio caráter.

A estatura moral de um líder se mede por meio de três dimensões:

1. Pela qualidade de seus ideais — expressão da visão de mundo e captação da realidade, ambas sendo frutos de uma sabedoria que supera qualquer ciência;

2. Pelos meios que emprega para atingir os ideais a que se propõe. E aqui destacamos o poder transformador e a reação em cadeia que tais ideais acarretam no próprio líder, como força motriz;

3. Pelas intenções que movem o líder na busca desses ideais: o próprio interesse e o bem maior formado pelo legítimo interesse de outras partes.

DICA 8
CONHEÇA SEUS DEFEITOS
DE CARÁTER

Ser humano é possuir qualidades e defeitos. Sabemos que a busca da perfeição humana é um ideal ao qual não se pode abdicar sem importantes consequências para a vida pessoal. Nem sempre é fácil enxergar os aspectos que nos detêm nesse caminho. Formar o caráter é uma tarefa que exige conjugar os sentimentos com a inteligência e a vontade. Vai aqui uma breve descrição dos três defeitos mais comumente observados, e que são a gênese dos demais.

1. Sentimentalismo
Forma de atuar que faz com que os sentimentos sejam a principal dimensão motora da conduta humana. Por natureza, nos inclinamos ao que atrai nossos sentidos e afetos e nos afastamos daquilo que provoca repulsa. Dar primazia aos sentimentos sem a mediação da inteligência e da vontade equivale a entregar o comando da vida a uma força cega;

2. Racionalismo
Há pessoas para as quais a realidade se reduz à dimensão intelectual, em que tudo pode ser submetido ao império da razão. Os problemas da existência são dados de uma equação matemática, e o uso da lógica, o método para resolvê-los. Não há lugar para a empatia;

3. Voluntarismo
Os voluntaristas costumam ser teimosos e obstinados. Movem-se pelo querer e apoiam-se na sua força de vontade, como se tudo dependesse dela.

DICA 9
CONTROLE A IMAGINAÇÃO
E A MEMÓRIA

Como lidar com o próprio eu, às vezes superlativo, imbuído dos próprios frutos e da própria excelência? Olhando para nossas sombras, nossos fracassos e dificuldades, que nos dão a correta dimensão de nós mesmos. Aquilo que somos quando estamos sozinhos entre quatro paredes e não temos que nos policiar.

A liderança pessoal começa por saber manejar nossos sentidos internos: nossa imaginação e nossa memória.

Essas potências da alma, se bem utilizadas, ajudam-nos a estar focados e garantem nossa estabilidade emocional. Quando mal-empregadas, nos fazem acreditar no conto do super-homem: somos os melhores, mais fortes e inteligentes; e nos fazem reviver o mito de Narciso: ninguém é tão perfeito como nós. Caindo no extremo oposto, nos colocam ao lado do patinho feio.

Quem sabe lidar com as próprias debilidades sabe ensinar os outros a fazer o mesmo.

Liderar a si mesmo é ser capaz de fazer o que é oportuno e conveniente. É saber conjugar as três dimensões da vida: pessoal, familiar e profissional. Para tanto, ter valores e vivê-los é fundamental.

DICA 10
PRATIQUE
O AUTODOMÍNIO

O autodomínio tem relação direta com o ensino e a prática das virtudes humanas. Refere-se a crescer em conhecimento próprio: como sou, quais são minhas qualidades e defeitos, virtudes e vícios, o que faço bem, o que não faço bem, do que gosto e do que não gosto.

Conhecer-se requer humildade e sinceridade. É imprescindível contar com uma boa dose de formação: conceitos sobre o ser humano e suas ações, acerca daquilo que o dignifica e sobre o que o rebaixa. O domínio de si mesmo não se restringe ao mero autocontrole, numa espécie de autopoliciamento. Não podemos desconsiderar a qualidade moral dos atos que praticamos.

Ao mesmo tempo que somos capazes de agir de modo desinteressado e altruísta, temos, por vezes, intenções pouco louváveis: agimos por vaidade, orgulho, ira. Para o conhecimento de si mesmo também é necessário um mínimo de formação intelectual e ajuda externa.

Ser capaz de dominar a si mesmo não é simplesmente ser capaz de tomar decisões racionais, e tampouco significa anular todo e qualquer sentimento.

Dominar-se é ser capaz de se autodirecionar ao bem: identificá-lo, conhecê-lo e querê-lo. No domínio de si não há espaço para relativismos, torna-se necessária a abertura para a verdade.

DICA 11
FORTALEÇA
SUA VONTADE

Muitos vivem num mundo de exterioridades. Mais do que ser, preocupam-se em parecer. Externamente, guarda-se a imagem do bem-sucedido. Internamente, inseguranças, temores, incapacidade de lidar com as próprias emoções e instintos, inadequação ante a própria vida. Cara ao mundo, uma fachada impecável. Na intimidade da própria consciência, quando caem todas as máscaras, sente-se a fisgada da solidão, do vazio, das próprias impotências.

É bom dar-se conta e "sentir" as próprias debilidades. No entanto, não basta somente tomar consciência disso. A condição humana leva consigo a necessidade de buscar a perfeição moral. Este tema é muito pouco falado hoje em dia porque perdeu-se a perspectiva da formação do caráter.

Todos temos batalhas pessoais internas a serem vencidas. Encarar os próprios pontos de luta que aviltam nossa imagem como pessoa, identificá-los e nos decidir a ser melhores nos ajuda a crescer em humildade, compreensão e paciência.

É necessário desenvolver a vontade, a força interior capaz de estruturar todas as nossas ações em prol de um objetivo primordial: ser uma pessoa melhor.

Não basta parecer, é preciso ser. A vida nos cobrará.

DICA 12
COACH
YOURSELF

A era da conectividade tem contribuído a formar pessoas com dificuldade de gerir suas próprias emoções, possuidoras de um baixo nível de autoconsciência.

São pessoas que tem dificuldade para distinguir seus estados interiores e os diversos sentimentos que experimentam. Não conseguem exprimir adequadamente o que se passa na sua intimidade. Conhecem-se pouco e como consequência ignoram suas potencialidades. Faltos da própria percepção, acabam se tornando pólos de relações disfuncionais. Como podem estabelecer relações de qualidade quando não gerenciam sequer a si mesmos?

Ao invés de serem livres acabam sendo reféns do vai-e-vem dos próprios sentimentos: temperamentais, instáveis, pouco resilientes.

Encontramos também entre os intelectuais pessoas dispostas a criticar tudo e todos, mas que não desenvolveram a sabedoria mais fundamental: o autodomínio.

Pensam ser senhores de si, sendo, na verdade, escravos de seus caprichos e instintos, levados por estados de ânimo, interiormente desordenados.

O autodomínio é fruto do desenvolvimento do caráter: não se improvisa! É ciência que se aprende na prática do autoconhecimento, vivendo a sinceridade consigo mesmo.

DICA 13
DESAPEGUE-SE
DA SUA IMAGEM

As próprias debilidades limitam a forma de pensar e agir. Podem chegar a constituir sérios obstáculos à eficácia na medida em que incapacitam para uma leitura inteligente da realidade e cultivam determinado *modus operandi*.

Algumas vezes, tais debilidades se apresentam na forma de apegos dos quais é preciso se libertar. Dentre eles, há um especialmente daninho: o apego à própria imagem, fonte de vaidade e soberba.

Esse apego excessivo à imagem muitas vezes pode paralisar, gerar insegurança e ansiedade. Medo de fracassar, de ficar mal, de errar. O que pensarão ou o que dirão?

Para ganhar liberdade interior, é necessário saber lidar com os próprios sentimentos e as ambições. Algo que se aprende ao cultivar uma virtude fundamental: a humildade.

DICA 14
EDUQUE
SUA AFETIVIDADE

Não basta ter valores. Sem educarmos a própria afetividade, nunca teremos domínio sobre nós mesmos.

Conhecer os mecanismos dos próprios sentimentos e afetos, entender como interagem e se integram com a inteligência e vontade, memória e imaginação, é tarefa primordial.

Compreender nossos *"ups and downs"* e aprender a lidar com eles exige conhecer-nos em profundidade. A superficialidade nos afetos nos faz viver no reino da inconsistência, alienados.

A desordem afetiva provoca respostas inadequadas ou exageradas às situações corriqueiras, podendo ser resultado de uma imaginação descontrolada ou de uma memória hipersensível. Nossos afetos, ainda que tenham relação direta com reações instintivas, são produto de um conhecer e querer consciente. Dizem muito sobre o que amamos e como são nossos amores.

"Diga-me quais são teus amores e te direi quem és!"

Gerir o próprio mundo interior nos faz realmente livres. Tal exercício permite tomar as rédeas da própria existência por meio de decisões conscientes que englobam o objeto dos nossos amores e direcionam nosso querer.

Dessa forma, nossos afetos serão não somente uma manifestação de um mero desejo efêmero e inconsciente, mas resultado de um ato voluntário de escolha que se chama amor.

Toda pessoa possui uma abertura radical ao amor, o motor da vida. Está no DNA de cada um a força capaz de nos tirar de nós mesmos, de nos fazer sair para o encontro da realidade da vida.

Porém, nem todos os amores nos humanizam. Há amores que nos escravizam, animalizam e degradam.

Nem todos os amores nos levam à felicidade. Ainda que amar seja ato essencial, não é qualquer amor que nos complementa como pessoa.

Há amores que são egoístas.

O amor no sentido mais "material" é uma reação da nossa sensibilidade que se vê atraída por algo que chama nossa atenção, disparando nossos afetos.

O amor é o sentimento que nos torna capazes de expressar nossa humanidade na medida em que transcende a materialidade dos instintos, tornando-se AMOR.

O AMOR, com maiúscula, é inteligente, impulsiona as boas qualidades e virtudes.

O amor, com minúscula é ato reflexo; pode ser a fonte dos defeitos de caráter e dos vícios.

Amar é verbo transitivo por se referir ao objeto concreto dos nossos amores. Refere-se a O QUE amamos.

Amar é verbo intransitivo por expressar a disposição radical ao bem. Trata-se do PORQUÊ fundamental das ações virtuosas.

PAUSA PARA REFLEXÃO
(DICAS 7 A 14)

O roteiro oferecido pelas dicas anteriores é de grande ajuda para o processo de transformação pessoal.

Identificar e aceitar que temos debilidades e defeitos de personalidade é um grande passo para a mudança. De certa forma, isso exige um desprendimento da própria imagem, da própria ideia que temos de nós mesmos.

Oscar Wilde e Dostoiévski nos oferecem exemplos onde o autoconhecimento levou dois personagens a reações opostas. Um é movido pelo arrependimento sincero e o outro, pela soberba e o desejo de eliminar qualquer evidência da própria consciência.

Ródion Raskólnikov, protagonista de *Crime e castigo*, é um jovem estudante atormentado pelo homicídio que cometera. Sua redenção só ocorre depois que, reconhecendo o crime cometido, encontra a paz interior ao se entregar à justiça.

Aqui estão dois aspectos que regem qualquer processo de mudança pessoal: humildade para admitir os próprios erros e desejo operativo de mudar manifestado por ações concretas.

Dorian Gray, personagem principal do livro de Oscar Wilde, expressa o desejo de vender sua alma para conquistar a eterna juventude. Tendo realizado seu intento, passa a viver uma vida dissoluta e entrega-se a todos os vícios. Num arrebatamento de fúria, busca destruir os vestígios da sua má conduta, morrendo nesse intento.

O personagem de Wilde segue o caminho inverso ao de Dostoiévski: não reconhece seus erros, obstinando-se em não ouvir sua consciência e tentando silenciá-la de todos os modos. O orgulho é o primeiro obstáculo para qualquer tipo de transformação pessoal. Se não procuramos dominar-nos, tomando verdadeira posse do nosso eu, sempre seremos negligentes com os aspectos mais relevantes da nossa condição humana.

DICA 15
HABITUE-SE
AO SILÊNCIO

O advento da internet permitiu encobrir ou atenuar a noção de vazio que todos sentimos algumas vezes. Uma sensação de desconforto ou inquietação que se materializa na inabilidade de lidar com o silêncio e a solidão, ainda que momentâneos.

Para vencer essas e outras situações, checamos as redes sociais, os sites de notícias, o aplicativo de conversa... Estamos nos tornando incapazes de curtir o momento, iniciar um diálogo, esperar, ficar sozinho.

Por mais que a tecnologia tenha facilitado nossa vida, ainda somos os responsáveis por vivê-la a cada momento. Ninguém nos substitui na tarefa de nos humanizar. Temos uma dimensão da vida pessoal que precisa ser vivida e pensada interiormente, sem a presença de outros.

Sem dominar a arte de ficarmos bem sozinhos, nunca seremos pessoas maduras. Necessitamos de um pouco de solidão para concatenar ideias, ponderar, refletir, criar...

Graças à internet, nunca mais precisaremos sentir solidão; basta apertar um botão para estarmos acompanhados. Nada mais ilusório!

É preciso saborear a "solitude" para ficarmos a sós com nossos sonhos, medos e esperanças: encarar a nós e a nossos fantasmas. Estar off-line é condição essencial para pensar com profundidade.

DICA 16
AMPLIE SEU
NÍVEL DE CONSCIÊNCIA

Vivemos numa sociedade egocêntrica que cria realidades postiças por meio de sua forma irrefletida e de seus padrões de sucesso. Queremos sentir o gosto falso forjado pelas nossas ilusões de realidade e felicidade. É-nos suficiente poder sentir-lhes o sabor. Não nos importa se estamos nos deixando enganar.

A falta de profundidade e atenção à realidade nos faz inconscientes, estouvados e inconsequentes. Há muitos que não encontram o caminho da felicidade porque enveredam pela estrada que leva à busca de si mesmos. Imersos na própria subjetividade, acorrentados a uma vontade fraca que se dissipa na frivolidade de uma vida exterior, na qual colocam todo o empenho.

Vidas que se perdem nas próprias complicações interiores, que acumulam experiências factuais mas não são capazes de transcender.

Vivem num nível de consciência elementar. Incapazes de abstração, perdem-se na inabilidade de estabelecer uma ordem interior.

Abrir os olhos à verdadeira existência é tarefa que requer formação e coerência. A atenção às virtudes faz com que a vida adquira sua real dimensão. Despertamos para a beleza e generosidade, para a responsabilidade que se esconde detrás de cada ato e decisão.

Ampliemos nosso nível de consciência, não sejamos reativos mas proativos na busca do verdadeiro eu.

DICA 17
FORJE SUA
PERSONALIDADE

Há quem entenda o caráter como algo inato, esquecendo que nossas escolhas e nossos aprendizados nos configuram como pessoa.

Há quem pense os afetos como simples brotos de emoções, reações à margem da inteligência e vontade. É importante saber que na base de toda ação humana existe uma antropologia.

Nossa personalidade é forjada por meio de algumas dicotomias que influem nas decisões que tomamos e nos critérios que utilizamos. Tal conhecimento nos ajuda a discernir como somos, qual é nosso estado interior e como devemos encaminhar nossos conflitos internos.

Como primeira das dicotomias, destaco o binômio humildade/ orgulho, que tem relação com nossa autoimagem. Como nos vemos? Supervalorizamos nossas habilidades ou nos vemos de um modo mais objetivo?

A segunda dicotomia diz respeito à necessidade de aprovação externa. Trata-se do binômio modéstia/vaidade. O modesto trabalha em silêncio, não busca a luz dos holofotes, enquanto o vaidoso deseja ser admirado e aplaudido. Refere-se a como queremos ser vistos.

A terceira dicotomia estabelece a tônica da relação com os outros: como vemos os demais. É o binômio benevolência/inveja. O invejoso incomoda-se com o sucesso dos outros. O benevolente estabelece uma relação sadia com terceiros.

DICA 18
PROCURE UM
BOM MENTOR

Algumas vezes, necessitamos de um bom mentor para avançar no autogoverno. Pela importância da tarefa a ser realizada, destacamos algumas características fundamentais que todo mentor deve possuir:

1. Caráter: contar com uma pessoa íntegra e confiável é requisito básico, pois, nos momentos decisivos poderá te ajudar com perguntas e reflexões relevantes, não somente para tomar decisões referentes à carreira, mas também de vida;

2. Conteúdo: uma pessoa com bagagem profissional e de vida abre horizontes e mantém um olhar de longo prazo que a ajuda a construir um projeto pessoal. Vivência é muito importante para suportar decisões de carreira;

3. Conhecimento: saber atuar como mentor, conhecer as etapas desse processo e exercer bem o seu papel. Não é um dom, mas sim uma habilidade que se desenvolve com o tempo;

4. Cultura: poder desfrutar da proximidade com alguém que seja não somente um profissional competente, mas uma pessoa que tenha uma visão humanística faz muita diferença. Um bom mentor também educa e forma;

5. Credibilidade: escolher alguém que seja referência, respeitado como profissional e pessoa, ajuda a abrir importantes oportunidades, uma vez que possui uma ampla rede de relações que lhe dão acesso a informações relevantes.

DICA 19
DESENVOLVA
MORAL SKILLS

O *"Philosophical Counseling"* é um crescente movimento internacional que ajuda pessoas a elucidarem suas visões de mundo e suas metas ante mudanças e transições. É uma ajuda importante para decisões de carreira e situações difíceis, nos problemas pessoais, nas crises ou em dilemas.

Trata-se de uma autorreflexão sobre valores e objetivos; não somente um balanço de resultados. É um crivo importante relativo à altura intelectual de sonhos e propósitos.

Faz descobrir nossa intimidade, desperta nossa força interior e nos ajuda a entender como usá-la em benefício próprio e alheio. Abre-se um espaço de real autoconhecimento, ocasião para refletir sobre virtudes fundamentais a serem vividas.

A verdadeira sabedoria se alcança não somente pela experiência, mas também com reflexão e aprendizado, que possibilita um conhecimento estruturado sobre a vida e a realidade: o verdadeiro filosofar!

Não se trata só de modificar comportamentos, mas de mergulhar nos valores e nas crenças que abraçamos com a finalidade de refletir e ponderar sobre os padrões de excelência humana.

Como benefícios: *self awareness, mindfulness*, foco e gestão das emoções. Desse modo, evita-se o apriorismo de interpretar a realidade de acordo com nossa vontade ou capacidade de julgamento.

A filosofia estimula o *moral will* e promove *moral skills*. Não se trata apenas de ter um desejo de agir certo, não basta uma boa disposição é preciso aprender como se faz o que é certo, trata-se de adquirir capacidades.

Para ser um bom líder é necessário tempo e espaço para pensar, trocar ideias, considerar outros aspectos da realidade, abrir-se à complexidade das situações humanas e ao inabarcável da realidade. Nesse processo, as virtudes, expressões da verdadeira sabedoria, são nosso guia prático de ações. Ajudam a fazer a síntese do próprio eu, da própria vida. Permitem encontrar a verdadeira felicidade ao invés de nos contentarmos com sucedâneos, facilitam a descoberta da verdadeira alegria, que contrasta com as pílulas de satisfação às quais muitos estão acostumados e viciados. Conferem a ajuda de um saber estruturado que provoca o pensamento. Organizam as experiências de vida e orientam a subjetividade.

A virtude é a antítese do automatismo das normas, regras e procedimentos. Traz a riqueza da própria vida e de suas circunstâncias.

Ocupe o tempo para pensar, invista em boas leituras, conversas interessantes e inteligentes. Cultive a amizade com pessoas com quem possa realmente ter conversas transformadoras.

DICA 20
LIDERE
SERVINDO

O *mindset* de quem busca servir é bem diferente do daqueles que ambicionam dominar. São motivações opostas que revelam uma visão de mundo e representam um divisor de águas. Em cada lado temos pessoas bastante diferentes.

No ideal de servir predominam o altruísmo e a humildade: trata--se de empregar os talentos pessoais em benefício dos outros, com afã de doar-se, sem querer protagonismo.

O ideal de domínio, que busca exercer poder, traz consigo a tônica do personalismo e da soberba. Fala-se como o senhor absoluto da verdade, pensa-se em maneiras de impor o próprio critério e garantir os interesses pessoais. Advoga-se o pensamento único, mal de todos os totalitarismos.

Liderar para dominar e como projeto pessoal de poder é, historicamente, a causa de grandes males.

Um ideal de serviço é fruto de um processo de amadurecimento da consciência individual que se torna realidade pela abnegação de quem o encarna.

Ambicionar servir é um sentimento nobre, próprio de pessoas que querem dar aos outros o melhor de si, gente disposta a conjugar o nós e não o eu. Isto é servir.

Ambicionar dominar é reduzir as pessoas a instrumentos para a consecução dos próprios interesses.

Qual é a sua ambição: servir ou dominar?

PAUSA PARA REFLEXÃO (DICAS 15 A 20)

Você realmente pensa por conta própria? Nunca foi tão comum o pensamento de manada. Parece que as redes sociais acabam estimulando esse comportamento. Pensar por conta própria requer profundidade e maturidade de juízo.

Destaco cinco aspectos que contribuem para a qualidade de nossas opiniões e convicções. São dicas para sair da própria bolha:

1. Meu círculo de amigos se resume a pessoas que pensam como eu?
2. Tenho referências intelectuais?
   - Quais são meus autores preferidos? Conheço suas obras?
   - Sigo alguma corrente de pensamento?
3. Exerço minha capacidade crítica em relação às ideias propostas pelos autores e formas de pensamento?
   - Reflito sobre seus pontos de vista?
   - Conheço os que defendem linhas ou correntes opostas?
4. Analiso criticamente minhas próprias ideias?
   - Quais valores defendo?
   - Minhas crenças são fruto de convicções maduras?
5. Estou aberto a opiniões divergentes?
   - Sou intolerante com quem não pensa como eu? Me interesso pelos argumentos de quem discordo?
   - Busco a verdade?

Pensar por conta própria não é um ato de soberba ou autossuficiência. Requer humildade e honestidade intelectual: desprender-se das pretensões do ego.

Pensar por conta própria é algo essencialmente humano!

10 DICAS PARA GERAR IMPACTO POSITIVO

Ser capaz de influenciar e gerar um impacto positivo ao nosso redor requer entender quais são os traços mais importantes do DNA de um líder.

Reconhecer alguns dos comportamentos-padrão do mundo corporativo e dar-lhes o encaminhamento adequado torna a tarefa da liderança menos nebulosa.

Saber como lidar com um mundo em transformação também se mostra um dos requisitos indispensáveis para liderar bem.

Exercer a liderança significa saber navegar entre as diversas situações e desafios que enfrentamos. Requer não somente preparação intelectual, mas também capacidade de análise e tomada de decisão.

Liderar exige sabedoria, humildade e sentido de propósito.

DICA 1
SEJA AUTÊNTICO
NO PENSAR E NO AGIR

Liderar a si mesmo, aos outros e à própria organização de modo efetivo e consistente é algo que exige empenho e esforço. Cada um desses âmbitos requer conhecimentos e habilidades, atitudes e comportamentos.

Tal processo é uma longa jornada na qual o pensar e o agir são transformados por meio da reflexão e da experiência.

Não se trata somente de algo puramente intelectual: não basta saber o que deve ser feito. Antes de mais nada, é um exercício prático, conduzido pela prudência. Trata-se de ser capaz de fazer aquilo que deve ser feito na esfera pessoal e influenciar os demais para fazerem o que deve ser feito no âmbito coletivo.

O primeiro requisito para exercer a liderança é saber se movimentar pela esfera da técnica, desenvolvendo a capacidade estratégica para conduzir o negócio. Além de ter boas ideias, é necessário promover o *buy in* dos colaboradores e de toda a organização. Entram em ação as habilidades políticas, que regem as relações humanas, juntamente com a ética.

Aprendemos a atuar como um líder na prática!

Liderar não é um exercício teórico. A experiência alimenta a reflexão e conduz o desenvolvimento de capacidades. As pessoas somente mudam sua maneira de pensar modificando antes sua maneira de se comportar. Isso pode parecer paradoxal, mas é assim que funcionamos.

Começamos a ser virtuosos atuando virtuosamente, como sabiamente foi observado por Aristóteles. A virtude, assim como o vício, confere uma experiência prática que é bastante relevante e decisiva para a ação seguinte, criando um ciclo que se retroalimenta.

Sabemos que uma mudança pontual de comportamento é algo relativamente fácil de se conseguir. Trata-se de um evento de uma única ação.

Para ser um líder melhor, seguimos não somente a sequência lógica de primeiro pensar e depois agir. Também aprendemos com nossas ações, pois, o agir provoca o necessário processo de reflexão, se formos humildes.

Tentamos algo novo e observamos os resultados: como nos sentimos e as reações à nossa volta. Somente depois refletimos e internalizamos nossa experiência. Essa é a lógica necessária para todo processo de mudança pessoal: pensar — agir — refletir. Podemos dizer também que, para atuar como um líder, temos que pensar como um líder.

Por sua necessária relação com a prática e a ação, a competência se desenvolve por meio da experiência e se nutre dela em um ciclo virtuoso. Novas experiências mudam não somente nossa maneira de pensar, mas também a perspectiva sobre o que é importante, alterando nosso *mindset*.

O exercício da liderança é um processo não somente de dentro para fora — *inside out* —, mas também de fora para dentro — *outside in*. Nosso verdadeiro *self* emerge daquilo que fazemos. Na medida em que enfrentamos desafios que exigem diferentes habilidades ou competências em um maior grau de desenvolvimento, percebemos a necessidade de nos reinventar. Possuir um *mindset* de liderança resulta em perceber a necessidade de atuar eticamente, em um processo reiterativo que assegura credibilidade e aumenta a capacidade de influência.

O líder autêntico é alguém em quem se pode confiar. Possui valores irrenunciáveis e uma intenção reta de fazer o bem.

DICA 2
POTENCIALIZE SUA
CAPACIDADE DE ESCUTA

A primeira e mais importante característica para liderar é a humildade. Sem ela, não há verdadeiro autoconhecimento, fonte e origem do autogoverno. Uma pessoa orgulhosa não se conhece de modo objetivo, não avalia adequadamente suas qualidades e defeitos. Tem dificuldade para reconhecer aspectos a desenvolver, supervaloriza seus pontos fortes, é refratária a feedbacks. Tal postura dificulta a capacidade de escuta.

Abrir a mente é uma ação decorrente da humildade. Se ver à luz das próprias qualidades e defeitos ajuda muito a ser objetivo e facilita desenvolver um *mindset* de crescimento. Na era digital, ser mente aberta é algo essencial. Não se trata de abandonar valores e convicções, significa saber diferenciar o essencial do acidental na tomada de decisão e na liderança de pessoas e equipes. Revela inteligência e capacidade de reflexão.

O senso de comunidade é a competência diferencial em nosso tempo. Liderar requer compreender o alcance e o impacto das ações e decisões tomadas diariamente. Ter senso de comunidade implica ter sentido de propósito. Entender a própria atuação além das fronteiras do próprio eu ou negócio revela sensibilidade e preocupação pelos outros, altruísmo e generosidade.

DICA 3
PRATIQUE A ARTE
DO CONVENCIMENTO

Aristóteles ensina que a arte do convencimento possui três pilares:

1. *Logos*, que em grego significa "palavra". Diz respeito à capacidade de argumentação baseada no uso da razão, pressupõe o conhecimento da realidade. Traz consigo a força inegável da verdade, adequadamente defendida por Sócrates na Antiguidade. Convencido da sua existência, esse filósofo desbancou os sofistas que pretendiam anular tal conceito, essencial para a sociedade e o relacionamento humano. Negar a verdade é negar o poder da razão ou a capacidade de ser coerente;

2. *Pathos*, que está associado à capacidade de despertar emoções. Os sentimentos têm um forte poder de confirmação sobre o discurso, gerando conexão emocional com o interlocutor. Trata-se de um aspecto capital do *storytelling*;

3. *Ethos*, que tem relação com o caráter. Para influenciar, não basta um discurso lógico. Sempre prestamos atenção no mensageiro: quem é, quais são suas virtudes. A credibilidade confere maior capacidade de convencimento, ressalta a dimensão ética das relações humanas.

O *Logos* e o *Pathos* sem o *Ethos* são instrumentos usados como máquina de propaganda. Exercer influência sem o *Ethos* é uma estratégia de domínio. Sem o *Ethos*, toda comunicação torna-se utilitarista, rompem-se os vínculos de confiança.

DICA 4
SEJA UM LÍDER
OUTSTANDING

A história e o mundo dos negócios nos oferecem vários modelos de liderança, muitos deles com métodos e feitos bastante opostos. Nem todos esses arquétipos refletem igualmente o DNA de uma *outstanding leadership*. Do ponto de vista da ação, um líder *outstanding* se diferencia dos demais em três dimensões:

- Dimensão intencional. Suas intenções são claras, conhecidas e orientadas ao bem, norteadas por valores humanos fundamentais. Possui um propósito verdadeiro e que não se restringe a alcançar objetivos exclusivamente pessoais;
- Dimensão intelectual. Possui uma capacidade de análise do contexto e das situações que lhe conferem agudeza de raciocínio e capacidade crítica;
- Dimensão comportamental. Suas atitudes e comportamentos refletem uma adequada relação entre o fim desejado e os meios empregados, apresenta-se ponderado nos juízos e usa sua capacidade cognitiva para alcançar fins que são bons. Desenvolve relações interpessoais sadias que se refletem na capacidade de influenciar.

Ao potencializar a capacidade de execução, essas três dimensões configuram o DNA do líder, atribuindo-lhe seu perfil moral.

O líder *outstanding* consegue compaginar o altruísmo e a humildade com grande ambição e determinação.

DICA 5
IDENTIFIQUE OS COMPORTAMENTOS DO MUNDO CORPORATIVO

Aristóteles já dizia que, basicamente, existem três tipos de pessoas:
- as que vivem pelos prazeres;
- as que vivem pelas honras;
- as que vivem pela verdade.

De modo análogo, no mundo empresarial podemos destacar alguns tipos de comportamento:
- o daqueles que seguem as leis do próprio instinto, buscando seu prazer e satisfação. Eternos lobos solitários;
- o conduzido pelas leis do ego, buscando sua autocomplacência. Eternos narcisos descontentes;
- o praticado por aqueles que seguem as leis do politicamente correto, buscando proteção e conformidade com o ambiente. Eternos camaleões amedrontados;
- o daqueles que seguem as leis ditadas pelas ideologias, buscando uma causa para chamar de sua. Eternos sonâmbulos de mentes colonizadas;
- aquele protagonizado pelos que seguem as leis da razão, buscando o fundamento em motivos e argumentos abstratos. Eternos seguidores de normas;
- o defendido pelos que seguem filosofias, buscando uma explicação definitiva para a realidade. Eternos idealistas;
- o daqueles que simplesmente seguem as leis ditadas pela verdade. Tal postura exige humildade, coragem e determinação.

Para liderar é necessário conhecê-los, aprender a lidar com eles e ser capaz de exercer uma influência ditada pela verdade e coerência.

PAUSA PARA REFLEXÃO
(DICAS 1 A 5)

A liberdade de pensamento é o que caracteriza qualquer atividade racional, qualquer sociedade plural. Sem ela, torna-se impossível produzir o verdadeiro conhecimento. Isso não significa agir contra as evidências, negando as leis da natureza, nem ignorar os fatos. Atuar assim indica desconhecimento, falta de profundidade ou, até mesmo, estouvamento. Querer que a realidade se adéque ao pensamento é querer torcê-la ao nosso bel-prazer. Pode revelar também o pouco interesse pela verdade em si.

Há muitos interessados em criar e veicular suas próprias verdades às custas da mesma verdade. A liberdade de pensamento não está acima da ética, deve dialogar continuamente com ela. A realidade não se apresenta apenas como uma disposição de coisas. Tampouco é o resultado da interpretação de números e estatísticas.

Hegel, numa tentativa de abarcar a realidade, dizia que tudo o que é racional é real. Racionalizar a realidade não é o suficiente para se encontrar com a verdade.

Centrados em nós mesmos, seguros das próprias certezas, caímos na armadilha da própria autossuficiência. Temos em alta conta nossas opiniões e experiências. Tornamo-nos, por instantes, narcisistas, inabordáveis, donos da verdade.

Nossos juízos podem ser precipitados, acabamos sendo simplistas na análise de problemas e situações, ficamos cegos às evidências.

Tais atitudes e comportamentos são causados por fatores de natureza psicológica ou ética que requerem atenção.

De natureza psicológica são os derivados de desconhecer a realidade: falta de atenção, precipitação nos juízos, falta de profundidade ao ler uma situação, ideias preconcebidas ao analisar fatos.

De ordem ética são os derivados do agir pensando somente no próprio interesse (egoísmo), visando manter uma imagem (vaidade), colocando a própria opinião acima dos outros (soberba), não colocando empenho em reunir dados (preguiça). Como vemos, acedemos à verdade não somente com estudo e observação. Trata-se de uma disposição pessoal de abertura, escuta e diálogo: elementos que são prova de humildade, virtude imprescindível para formar a própria consciência e opinião.

DICA 6
NÃO CEDA AOS FETICHES
DO MUNDO CORPORATIVO

O fetiche é um objeto ou imagem ao qual atribuímos poderes especiais. Muitos, por desconhecimento, autossugestão, superficialidade ou ambição desmedida, acabam acreditando que a felicidade depende, direta ou indiretamente, de ter ou desfrutar de certas coisas.

Todos experimentamos a tremenda força de atração do dinheiro e do poder, do status e do sucesso profissional, principais fetiches do mundo corporativo. Diante deles, muitos se dobram. São pessoas que vivem num mundo à parte de desejos e necessidades a serem satisfeitas. Tornam-se individualistas, autocentrados, cultivando, sem perceber, um egoísmo que os afasta da realidade.

Demasiado primários e cegos a tudo que não seja a própria ambição. Quanto mais bebem dessas águas, mais sede têm. Correm atrás de uma felicidade ilusória, fabricando uma realidade postiça, sendo eles mesmos postiços.

Deixam-se arrastar pela fogueira das vaidades, querendo ser vistos, admirados. Levados pela soberba, consideram-se melhores que os outros. Facilmente desprezam e criticam. Tornam-se avaros, desejosos e apegados às ganâncias. Transformam suas relações em algo mercantil.

Os fetiches do mundo corporativo são fonte de autoengano e, cedo ou tarde, enviarão sua fatura, deixando o gosto amargo da desilusão.

DICA 7
NAVEGUE ENTRE OS DIVERSOS ESTILOS DE DIREÇÃO

Não basta dar resultado, é preciso fazer o certo do jeito certo. Não basta ser eficaz, é preciso ser eficiente e consistente.

Entender o próprio papel, saber ler o ambiente e as pessoas, são pontos fundamentais para definir o uso do tempo, o controle da agenda de trabalho e o estilo de direção mais adequado a cada circunstância. Saber distinguir o importante do urgente é o grande segredo! Permite que criemos agendas bastante distintas, condicionando-as à dinâmica do nosso dia a dia. Como já dizia Peter Drucker, fazer o certo é mais importante do que fazer direito.

Fazer o certo do jeito certo como líder significa adotar o estilo de direção mais adequado a cada momento. Poucas vezes nos deparamos com situações que exigem um estilo diretivo, empregado para encaminhar assuntos importantes e que demandam uma resposta urgente.

É verdade que as urgências podem aparecer, mas não devem ser o habitual. A boa gestão requer foco nos temas importantes, sem que se tornem questões urgentes. O estilo consultivo permite pensar no longo prazo. Sem os estilos democrático e participativo não se pode ser plenamente eficaz.

Liderar é ser capaz de influenciar as pessoas a fazerem espontaneamente suas obrigações.

DICA 8
DESENVOLVA UM *MINDSET* AUTOTRANSFORMANTE

Em um mundo VUCA,[1] onde se requer capacidade de mudança e adaptação, vemos gente extremamente fixa em seu modo de pensar.

Pessoas que insistem em implantar soluções antiquadas para os problemas atuais: políticos, sociais e econômicos. Pessoas que vivem num mundo que está deixando de existir.

Atravessamos uma época de disrupção, de descontinuidade com o passado. Os modos de produção mudaram, e com eles, a dinâmica das relações de trabalho.

Estamos na economia do compartilhamento, na era da conectividade e da revolução tecnológica, dos *knwoledge workers*, da capacidade criativa. O mundo se transforma mais rápido do que podemos absorver. Abandonemos a utopia das ideologias como forma de entender a realidade.

Todo sistema de pensamento traz consigo hábitos mentais que regem atitudes e comportamentos, definem uma lógica de ação e sua motivação. Temos que achar soluções novas para os novos problemas. *Back to the basics.* Isso se faz mergulhando no interior do próprio ser humano. Quais são os valores mais centrais que nos definem como pessoa e que moldam uma sociedade que funciona?

Um *mindset* autotransformante permite navegar por esse admirável mundo novo, conferindo-nos a adaptabilidade necessária sem abrir mão do essencial.

---

1 O termo VUCA é um acrônimo utilizado para descrever a volatilidade (*volatility*), a incerteza (*uncertainty*), a complexidade (*complexity*) e a ambiguidade (*ambiguity*) nas diversas situações e contextos que vivemos atualmente. (N. A.)

DICA 9
ENTENDA QUE O SER HUMANO
NUNCA SERÁ *AGILE*

Tudo on-line, imediato, instantâneo. Uma corrida frenética para fazer, realizar e entregar no campo profissional. E outra de igual intensidade para experimentar, curtir e desfrutar na vida pessoal. O resultado prático: estresse, cansaço interior e solidão. Sintomas que muitas vezes não sabemos identificar. Transformamos a vida numa corrida de obstáculos cujo objetivo é chegar antes que os outros, competir, nem que seja para constatar quem parece ser mais feliz. Há coisas que nunca serão *agile*!

A verdade é que o essencial da vida demanda tempo e atenção. A sabedoria, por exemplo, exige longa maturação. Requer um processo de reflexão e o amadurecimento como pessoa.

O amor profundo e verdadeiro nunca será instantâneo, é fruto de um conhecimento mútuo que leva tempo.

O mundo *agile* está criando pessoas impacientes, ansiosas, incapazes de amar verdadeiramente e de gerir suas emoções, adultos imaturos.

A condição humana não se resolve numa só tacada. Vivê-la requer percorrer, diariamente, 24 horas. Não há atalhos.

A vida é uma maratona. Para chegar ao final, exige-se treinamento constante, meticuloso. Não há soluções mágicas.

A felicidade é fruto de uma construção laboriosa e paulatina que exige caráter, não é *agile*!

DICA 10
APRENDA A VIVER NUM
HYPER WORLD

Viver num mundo *hyper* exige disciplina e foco. A hiperestimulação eleva nosso nível de atenção ao mesmo tempo que aumenta o estresse da vida diária.

A rapidez das mudanças, o nível de exigência e a velocidade de resposta aos desafios da vida profissional requerem não somente novas habilidades e competências, mas também ordem interior e um maior domínio de nós mesmos.

No mundo *hyper*, ter um propósito nos ancora e confere estabilidade. Trata-se de identificar o que dá sentido à nossa vida, o que nos preserva de uma contínua corrida a lugar nenhum, tentando encontrar não se sabe o quê.

Quando tudo gira em alta rotação, é preciso ter a calma necessária para tomar decisões oportunas e convenientes. Em alguns casos, isso pode significar esperar, ou seja, decidir não decidir.

A dificuldade em gerenciar a si mesmo mostra-se o maior desafio do mundo *hyper* e tem como resultado a hiperatividade ou a depressão.

A primeira pode levar à segunda. Em ambos os casos, a vontade própria está a serviço de outros e dos estímulos externos.

Aqui vão mais algumas dicas para lidar com as próprias tensões internas sem se deixar consumir por elas:

- busque o silêncio interior;
- descubra sua verdadeira ambição;
- compita com você mesmo, não com os outros.

PAUSA PARA REFLEXÃO
(DICAS 6 A 10)

Não virtualizemos as relações humanas. Não sejamos pessoas *Cloud*!

Numa época em que o verdadeiro eu das pessoas parece esconder-se sob a capa do faz de conta, andar à deriva tornou-se uma condição de vida, a marca da existência de muitas pessoas do nosso tempo.

Há muita preocupação com o momentâneo, o fugaz e o acessório. Muitos vivem em bolhas de realidades virtuais que transformam a si mesmos em seres irreais. Trata-se de um processo de desumanização do espírito humano que está em andamento. É aparentemente imperceptível, mas rápido e avassalador.

O ritmo de vida não ajuda: tudo é *fast*, on-line, *agile*. Vivemos uma época em que corremos o risco de esquecer a diferença entre a virtude e o vício porque já não sabemos o que é ou não HUMANO.

A falta de interioridade mostra-se o traço forte da sociedade. Vemos rostos, perfis, mas não vemos as pessoas por trás dessa aparência. Muitos não possuem identidade própria.

Falta-lhes um presente porque não têm uma história verdadeira. Apresentam-se interiormente confusos, imaturos em suas apreciações e incapazes de lidar com seus próprios sentimentos. Inadequados para viver a vida real, que não pode ser retocada ou apagada da *timeline*. Sob os holofotes virtuais, representam uma comédia, aparentam leveza e alegria. No entanto, sua vida real assume contornos de uma tragédia interior.

AS 10 VIRTUDES ESSENCIAIS PARA LIDERAR

O exercício da liderança se dá pelo aprendizado contínuo, em que o entendimento do contexto, o autoconhecimento e o autogoverno são aspectos estruturantes e fundamentais. Não é possível liderar os outros de modo excelente se não lideramos a nós mesmos. Ao mesmo tempo, a ação de um líder sempre repercute naqueles que são impactados pelas suas decisões. Trata-se de um importante aspecto que configura a realidade dos seus liderados e o ambiente no qual atuam. Nunca ficamos indiferentes à ação de um líder. Todo líder deixa uma marca. Esse legado guarda relação direta com sua própria identidade. Seus defeitos e suas qualidades o acompanham no dia a dia, influindo em suas intenções, ações e decisões. Todo líder tem um rosto humano. Essa fisionomia apresenta uma infinidade de traços característicos, à semelhança das virtudes e dos vícios. Isso torna possível avaliar, de modo objetivo, não somente as suas competências específicas, mas também sua categoria moral.

Evidentemente há defeitos de personalidade mais importantes do que outros, assim como existem qualidades mais fundamentais que outras.

Como ponto essencial sem o qual nada pode ser construído, temos o caráter. Se o líder tem caráter, pelo menos podemos confiar que está bem-intencionado, que possui boas disposições, que quer fazer as coisas do modo certo, quer ajudar: não há dúvidas sobre sua índole.

No entanto, sabemos que não bastam as boas intenções. Além do talento necessário, necessita-se das virtudes correspondentes para exercer bem a liderança.

Liderar significa ser capaz de fazer o que é certo, do jeito certo, porque é o certo. Requer o tempo e o empenho para o necessário autoconhecimento e autogoverno.

Liderar também significa ser capaz de influenciar os outros para que façam espontaneamente o que devem fazer. Requer ganhar a confiança e o respeito dos liderados.

Como fruto das reflexões anteriores, é possível apresentar uma síntese sobre as dez virtudes essenciais para liderar, dividindo-as em dois grupos.

AS 10 VIRTUDES ESSENCIAIS PARA LIDERAR

Virtudes estruturantes
(prudência, humildade, coragem, paciência e constância)

Estão presentes nos quatro âmbitos de ação do líder, atuando de modo transversal, auxiliando na sua visão de mundo, tornando possível o maior conhecimento de si mesmo, facilitando o autodomínio e contribuindo para gerar impacto positivo ao seu redor. Encontram-se presentes nas cinquenta dicas deste livro e, por isso, adquirem um caráter estruturante.

1. Prudência: classicamente chamada de sabedoria prática, é a virtude que está na base de todas as outras. Aperfeiçoa nossa inteligência e guia nossa vontade na escolha da ação mais adequada a cada momento e situação. O ato final desta virtude é a colocação em prática da resolução tomada ou da ação escolhida. Trata-se de uma virtude prática, uma vez que a execução é parte integrante e necessária da sua manifestação.

Como atos da prudência temos a deliberação, o juízo e o império. A deliberação diz respeito ao entendimento de uma realidade. Por exemplo, a compreensão sobre o que precisa ser feito, qual é o problema com o qual nos deparamos.

O juízo se refere à escolha entre as diversas alternativas de encaminhamento de uma situação, juntamente com critérios para a tomada de decisão e a definição de uma linha de ação.

Finalmente, o império, ato final desta virtude, é a implementação do que foi decidido. Trata-se da ação da vontade que executa o que foi estabelecido.

Algumas manifestações de falta de prudência:
- não pedir conselho quando necessário;
- guiar-se somente pelo próprio ponto de vista;
- deixar-se levar pela pressa na resolução de problemas.

2. Humildade: diz respeito à verdade sobre nós mesmos. Torna-se mais fácil de entendê-la quando a contrapomos ao vício correspondente, a soberba.

Sem ela, é impossível ter um conhecimento objetivo de si mesmo. Com ela, somos capazes de identificar nossas qualidades e defeitos, ver-nos sem filtro. Sem ela, é mais difícil admitir nossos erros. Com ela, aprendemos a não supervalorizar nossas vitórias. Quando presente, torna as relações muito mais saudáveis. É um traço de caráter que facilita a aproximação, a comunicação e a transparência.

Algumas manifestações de falta de humildade:

- não aceitar críticas;
- não pedir feedback;
- pensar que sempre temos a última palavra.

3. Coragem: nos torna resilientes, capazes de um esforço contínuo para alcançar uma meta ou um objetivo. Faz-nos enfrentar com resolução situações difíceis e complicadas, sobrepor-nos aos estados de ânimo, lidar com o medo de modo adequado. Dá-nos a capacidade de ir contra a corrente ou linha de pensamento dominante para defender o que pensamos ser o correto e o justo.

Permite-nos ser quem somos, expressar nossos valores sem medo de críticas, sermos autênticos.

Algumas manifestações de falta de coragem:

- não defender o próprio ponto de vista por medo do que dirão;
- não empenhar-se na resolução de um problema pela dificuldade que traz consigo;
- deixar-se abater pelas dificuldades.

4. Paciência: capacidade de esperar com serenidade o desenrolar de um acontecimento ou uma situação. Qualidade necessária

AS 10 VIRTUDES ESSENCIAIS PARA LIDERAR

para manter o equilíbrio emocional diante de circunstâncias adversas e momentos de tensão.

Ela é necessária para conter o nível de ansiedade e gerir adequadamente episódios estressantes ou que nos desagradam. Salvaguarda do bom humor e do otimismo, exercício de maturidade e autodomínio, a paciência requer uma dose de coragem. Algumas manifestações de falta de paciência:

- não respeitar o ritmo de cada pessoa;
- querer as coisas do seu jeito;
- deixar-se levar pelo desejo do imediato.

5. Constância: muito importante nos dias de hoje. É a capacidade de manter o esforço na tarefa começada, sem descuidar do empenho e da dedicação na sua realização ao longo do tempo. Pode ser entendida como a resiliência exigida para dar conta do recado, não se deixando levar pelo desânimo. Apresenta ligação com o sentido do dever e a vontade de superação. Tem uma relação direta com a coragem e a paciência. Algumas manifestações de falta de constância:

- não conclusão de tarefas que exigem disciplina e ordem;
- descuidar da qualidade das entregas de projetos de média e longa duração;
- desânimo perante as exigências de um esforço que se prolonga no tempo.

Virtudes Configurantes
(Justiça, Generosidade, Moderação, Empatia e Veracidade)

São aquelas que mais particularmente influem no estabelecimento de relações saudáveis ao nosso redor. Principalmente, referem-se ao autogoverno e ao impacto positivo que o líder é capaz de gerar. Encontram-se presentes em trinta dicas deste livro.

1. Justiça: regula as relações entre as pessoas baseando-se numa proporcionalidade e medida. Trata-se de estabelecer o que é devido a cada um, aquilo que corresponde a cada parte. O justo é o adequado. Nas relações sociais, a justiça é um quesito imprescindível. Para que a sociedade seja justa, seus indivíduos devem ser justos.

   Algumas manifestações de falta de justiça:
   - não respeitar diferenças individuais;
   - não reconhecer e recompensar de forma adequada;
   - não tratar a todos de forma igualitária.

2. Generosidade: é a capacidade de ir além dos limites da estrita justiça. Manifesta-se por meio de uma boa disposição para ajudar. Revela uma preocupação pelos interesses do outro. Aquele que não é generoso é tacanho, voltado para suas coisas, centrado em si mesmo, egoísta.

   Algumas manifestações de falta de generosidade:
   - dar esperando algo em troca;
   - fazer cálculos para decidir se ajuda um colega que necessita;
   - não compartilhar saber e experiências.

3. Moderação: virtude que tem relação com o autocontrole, também recebe o nome de temperança. Confere-nos a capacidade de exercer domínio sobre nós mesmos: nossa vontade e nossos instintos. Contribui para o equilíbrio do nosso ser, colocando

AS 10 VIRTUDES ESSENCIAIS PARA LIDERAR

ordem na sensibilidade e na afetividade, nos gostos e desejos. Virtude muito necessária atualmente.

Algumas manifestações de falta de moderação:

- deixar-se dominar pela ira diante de algo que não gosta;
- ceder ao mais cômodo e fácil na realização de um projeto que exige mais dedicação;
- permitir que a ansiedade dirija as ações.

4. Empatia: capacidade de sentir com o outro, revela abertura e exige generosidade. Entender melhor o que acontece com o outro evita muitos problemas. Descobrir as razões do coração facilita o diálogo porque abre as portas do entendimento.

Algumas manifestações de falta de empatia:

- não levar em consideração os interesses e as necessidades do outro;
- não tentar entender o outro e suas circunstâncias;
- emitir juízos precipitados sobre terceiros.

5. Veracidade: virtude importante para qualquer relacionamento. Ser veraz é conduzir uma relação pelo caminho da transparência. Requer o exercício da sinceridade e se apoia na confiança mútua.

Algumas manifestações de falta de veracidade:

- esconder informações que são de interesse de outros;
- não posicionar-se com clareza por receio de ficar mal;
- querer manter uma imagem pessoal que não condiz com a realidade.

BIBLIOGRAFIA

BUSINESS ETHICS

SOLOMON, Robert C. *Virtue in Business Ethics.* In: PETRY, E.; FREDE-RICKS, R. *The Blackwell Companion to Business Ethics.* Oxford: Blackwell, 1999.

_____. *A Better Way to Think about Business: Getting from Values to Virtues and Integrity.* New York: Oxford University Press, 1999.

FILOSOFIA

ABBÀ, Giuseppe. *Felicidad, vida buena y virtud.* Barcelona: EUNSA, 1992.

_____. *Quale impostazione per la filosofia morale?* Roma: LAS, 1996.

ARISTÓTELES. *Ética a Nicômaco.* São Paulo: Martin Claret, 2015.

_____. *Politica.* São Paulo: Edipro, 2019.

JAEGER, Werner. *Paideia:* a formação do homem grego. São Paulo: WMF, 2013.

MACINTYRE, Alasdair. *After Virtue: A Study in Moral Theory.* Third edition. Indiana: Notre Dame Press, 2007.

NOZICK, Robert. *Distributive Justice.* In: HOFFMAN, W. Michael; FREDE-RICK, Robert E. *Business Ethics.* Third Edition. New York: McGraw Hill Inc., 1995, p. 57-64.

ORTEGA Y GASSET, José. *A rebelião das massas.* São Paulo: Vide Editorial, 2016.

RAWLS, John. *Justice as Fairness*. In: HOFFMAN, W. Michael; FREDERICK, Robert E. *Business Ethics*. Third Edition. New York: McGraw Hill Inc., 1995, p. 51-57.

SCRUTON, Roger, *Beauty: A Very Short Introduction*. New York: Oxford University Press, 2009.

_____. *A Short History of Modern Philosophy: From Descartes to Wittgenstein*. Second edition. New York: Routledge, 2002.

SMITH, Adam. *The Theory of Moral Sentiments*. Oxford: Clarendon Press, 1997.

SOLOMON, Robert C.; FLORES, Fernando. *Construa confiança nos negócios, na política, na vida*. Rio de Janeiro: Record, 2002.

LITERATURA

DOSTOIÉVSKI, Fiódor. *Crime e castigo*. São Paulo: Editora 34, 2016.

HUXLEY, Aldous. *Admirável mundo novo*. São Paulo: Globo, 2014.

SÓFOCLES. *Antígona*. São Paulo: Martin Claret, 2014.

WILDE, Oscar. *O Retrato de Dorian Gray*. São Paulo: Penguin-Companhia das Letras, 2012.

MANAGEMENT AND LEADERSHIP

LALOUX, Frederic. *Reinventando as organizações: um guia para criar organizações inspiradas no próximo estágio da consciência humana*. São Paulo: Editora Voo, 2017.

MCCORD, Patty. *Powerful: Building a Culture of Freedom and Responsibility*. San Francisco: Silicon Guild, 2017.

PSICOLOGIA

Frankl, Viktor. *Em busca de sentido*. São Paulo: Editora Vozes, 2009.

PSICOLOGIA POSITIVA

CSIKSZENTMIHALYI, Mihaly. *Flow: The Psychology of Optimal Experience*. New York: Harper Perennial Modern Classics, 2008.

_____. *Finding Flow: The Psychology of Engagement with Everyday Life*. New York: Basic Books, 1998.

DWECK, Carol S. *Mindset*. London: Robinson, 2017.

SELIGMAN, Martin E. P. *Flourish: A Visionary New Understanding of Happiness and Well-Being*. London: Nicholas Brealey Publishing, 2011.

SOCIOLOGIA

BAUMAN, Zygmunt. *44 cartas do mundo líquido moderno*. São Paulo: Zahar, 2011.

_____. *Amor líquido: Sobre a fragilidade dos laços humanos*. São Paulo: Zahar, 2004.

_____. *Modernidade líquida*. São Paulo: Zahar, 2001.

Contato com o autor
cbullara@editoraevora.com.br

Este livro foi impresso pela Gráfica Elyon
em papel Offset 75 g.